在未來不確定的時代「金錢」與「幸福」的黃金比例

English 猴子

本書對以下的人很有幫助

- □ 真心希望以最短最快的速度達成「上億」獲利，實現財務自由！
- □ 希望透過喜歡的工作來賺錢。
- □ 擁有技能或希望分享的資訊，卻不知道如何將其轉為獲利。
- □ 想靠副業賺取超越本業的收入。
- □ 想透過社群平台行銷、內容販售來獲利。
- □ 正在從事商品販售，但進展不太順利，希望開展其他事業。
- □ 學習並實踐了社群平台行銷，但成長停滯。儘管粉絲數增加，卻未能化為獲利。

- □ 正在經營事業，卻因為營收沒有提升而感到苦惱。
- □ 年營收超過數千萬或億，但利潤率很低。廣告成本壓力大，希望擺脫現狀。
- □ 曾靠低單價商品短暫獲利，後來營收停滯不前，不知道如何銷售高單價商品。
- □ 希望消除對金錢的焦慮。
- □ 雖然在一定程度上成功獲利，但對於是否能夠持續下去感到擔憂。
- □ 不懂得如何管理和運用金錢。
- □ 「想要過更好的生活」、「想要擁有更多○○」的野心非常強烈，無論賺多少錢都無法滿足。

年金問題・增稅・物價上漲
希望消除對金錢的焦慮
利潤率低，銷售停滯，
希望銷售高單價商品
將來沒有經濟上的煩惱
想了解金錢的使用方法
想了解社群平台或
內容販售的獲利方式
即使賺錢也無法滿足
透過喜歡的工作來賺錢
希望副業賺得比本業多

以最短最快的速度達成「上億」獲利，實現財務自由，抓住真正的幸福！

前言

大家好！我是English猴子，別名YouTube行銷專家猴子。

應該有一些人不認識我，所以容我先自我介紹一下。

我原本是一所公立高中的英語老師，月薪實領18萬日圓。每天早上4點起床，每月加班150小時，而且其中8成還是學生管理、家長應對這類與英語無關的工作，這讓我身心俱疲，瀕臨極限。

後來我下定決心創業，成功取得以下成果：

- 創業1年達成月營收3．6億日圓
- 創業3年半達成個人累計營收突破25億日圓（利潤率約95％）
- 法人第1年年營收5．2億日圓（稅前淨利4．7億日圓）

・法人第2年年營收11億日圓（稅前淨利10億日圓）

事業內容以英語教育和行銷這兩大軸心展開。

在英語教育方面，YouTube頻道訂閱人數超過40萬人，並經營線上課程，學員數超過1800人。

至於行銷方面，以中小企業的經營者、個人事業主為對象，提供社群平台行銷與內容販售的指導。內容販售是指販售影片或文字等內容和資訊的商業模式。這部分的學員超過1000人。這1000人來自各種不同的行業與領域。

我的事業特色在於沒有員工、沒有辦公室、沒有廣告，卻能維持約95%的高利潤率。

大企業通常要達到年營收100億或200億日圓才能創造的利潤，我僅憑一己之力就達成了。

各位或許會好奇，我是如何取得這樣的成果的。

本書正是基於我至今為止在行銷講座中累積的專業知識與見解，主要針對內容販售的**「億元獲利法」**和持續擁有財富的**「金錢哲學」**，**完整公開我當前擁有的觀念**。

只要讀完本書，各位應該就能清楚**理解賺取上億財富的途徑**。

或許有人會覺得「感覺自己辦不到」、「怎麼可能賺到上億」，但事實上，**我的行銷課程學員中，已經出現了好幾位數千萬甚至上億收入的人**。這些人一開始也都說過「自己哪有可能賺到上億」這種話。

透過這門課程，我確信自己的商業模式是可以複製的。不管是誰，只要按照正確的步驟採取正確的行動，從零賺到上億是完全可行的。

我將這個方法稱為**「猴子式賺取上億的獲利法」**。雖然很直白就是了（笑）。

「猴子式賺取上億的獲利法」是我信心滿滿地向世人推廣的方法，但其實**在獲利成功之後才是困難的開始**。

我看過太多事業稍微上軌道的人，因為意想不到的原因失去金錢，或是無法持續獲利的例子。

為了持續獲利，必須擁有堅定的「金錢哲學」。

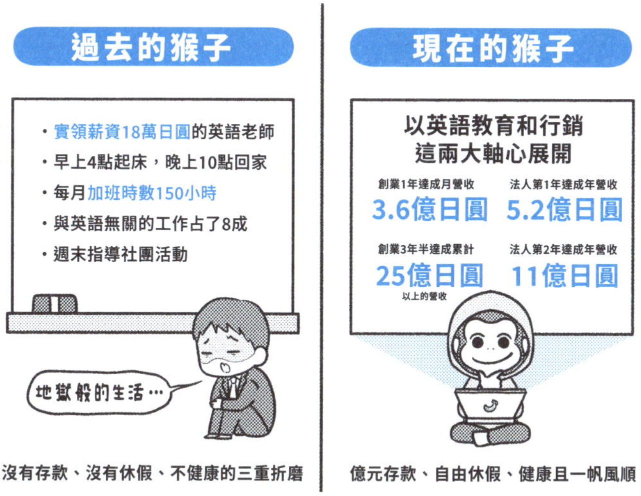

沒有存款、沒有休假、不健康的三重折磨

億元存款、自由休假、健康且一帆風順

至於什麼是「金錢哲學」呢？舉例來說如下：

- **具備成本意識**
- **避免超出自身能力的消費**
- **學會知「足」**

如果缺乏這樣的「金錢哲學」，就無法守住財富，持續累積金錢，極可能陷入努力賺來的錢轉眼間消失殆盡的窘境。

或許有人會覺得我這種小伙子憑什麼說得一副很懂的樣子，但**我一路走來幾乎沒嚐過失敗的滋味，我認為這都要歸功於自己一直堅持至今的金錢哲學**。

就這層意義而言，**「猴子式賺取上億的獲利法」與所謂的「金錢哲學」是相輔相成的**。

在本書中，我也會介紹自己從實際經驗中得到的「金錢哲學」。正因為擁有金錢哲學，我才能獲得難以置信的幸福感。

為了讓各位能夠成功實現上億獲利，過著幸福的人生，我將盡全力獻上本書給大家！

English 猴子

目錄

本書對以下的人很有幫助 002
前言 004

第1章
從月收入18萬日圓的前教師，到創業第11年達成月營收3.6億日圓

沉浸在籃球中的國高中時期 022
實領薪資18萬日圓，工作繁重的教職生活令人疲憊 023
把自己的知識當成「無形商品」來販售 024
販售「他人的商品」後才明白的事 028
遇見改變人生的講座 028
將英語教育的線上課程商品化 031
以「行銷專家猴子」的身分開始活動 031

何謂猴子式行銷？ 034
我想透過這本書傳達「兩件事」 036
我所重視的「金錢哲學」 038

第2章

在受到感謝的同時，以最高效率獲利「上億」的方法

來吧，開始你的事業吧 042
什麼樣的事業最適合你 042
你的技能與知識都能販賣！ 043
為了將「零」變成「一」 045
「強項」就隱藏在「令人煩躁的事情」之中!? 046
「你也能做到」是天大的謊言 047
務必「從小規模開始」 048
獲利的基本在於「提供價值」這個簡單的本質 051

我能持續獲利的理由 051
靠炒作的人會落得什麼下場 053
結論是沒有「捷徑」！ 054
短時間內迅速累積財富！ 056
20歲的千萬日圓和30歲的千萬日圓，價值並不相同 056
為什麼網紅往往只能紅個幾年？ 058
賺錢的機會只有「現在」！ 060
大家都搞錯了，創業最重要的事情 062

第3章

猴子式「賺取上億」的路線圖

以最短最快的速度「從零躋身為前2%之人」的方法 066
「無法取得成果的人」所欠缺的東西 066
為何無法取得成果？ 067
路線圖的5個步驟 069

❶免費諮詢 070
事業的第一步從「免費諮詢」開始！ 071
個別諮詢帶來的好處 073
「能夠招攬一定數量顧客的人」容易犯的錯誤 075

column 暢銷的原因在於「粉絲化」 078

❷招募體驗學員，透過勞動密集型方式獲利 080
開始販售付費商品吧 080
「勞動密集型」可以立即獲利！ 082

❸改善問題點，優化並完善商品與服務 084
觀察反應，逐步調整價格 084
為何能以高單價販售 086
區分可自動化與不可自動化的部分 087
失敗者的共通點 088
當效果不佳時…… 089

❹透過學員訪談影片，展示「實績」與「透明度」 090
「與拿出實績的學員進行訪談的影片」帶來「驚人效果」 091
展現透明度 091
擴展你的「個人市場」 092

YouTube最強理論 095
column 各種社群平台的使用技巧 100
❺將個別指導課程化 102
獲利上億的「課程化」 102
課程化應該提供的服務 103
課程教材的內容 104
使盡全力實踐5個步驟！ 105
首次公開！嚴選50種能夠獲利上億的領域 108
教育類 108
開運、占卜類 109
戀愛、兩性關係類 110
美容、健康、減肥類 110
運動類 111
心理、人際關係類 112
網路、AI類 112
商品販售、行銷類 114
金錢、投資類 114
其他 115

成功案例 1 利用高重現度的猴子式行銷達成「上億」的月營收！也學到了「金錢哲學」
クニトミ（國富龍也）先生 116
成功案例 2 利用猴子式行銷雙軸開展事業，短時間內成功達到4000萬日圓以上的獲利
まどか（森織圓香）小姐 118
成功案例 3 利用猴子式行銷讓營收翻倍！還學到比賺錢更重要的事情
YouTube大師D先生 120

第4章

「持續當個「有錢人」的「猴子式金錢哲學」」

弄錯金錢的管理方式，便永遠無法成為有錢人 124
賺錢的方法與金錢的管理和使用法同樣重要 124
生活水準提升，支出也會增加！ 126

「他人的失敗」所帶來的啟示 129

「沒有復活資金的人」最終的去向…… 129

從他人的失敗中學到「真正重要的事」 132

我幾乎不花錢的理由 133

我之所以能夠創造資產，是因為「沒有花錢」 133

不花錢的真正原因並非「錢會變少」 135

「金錢」在我眼中的價值 138

column 我能腳踏實地全多虧了父母 142

正確的金錢管理與使用方式 144

住遍超一流飯店後所領悟的事 144

猴子上酒店會發生什麼事…… 145

「大戶屋」是最強的理由 146

不花錢難道要等到死掉的時候才後悔？ 149

不可投資房子、車子和手錶 150

擁有物質只能得到短暫的幸福 150

貸款屬於「不符能力」的消費 151

「房貸」令人震驚的真相 152

「租屋還是買房」之爭的結論之一 155

汽車和手錶是最不值得投資的兩種物品 156
不要樂觀地解釋不確定的未來 158

抱持「成本意識」 159

每月60萬日圓的房租帶來的效益 159
自己煮飯vs叫外送 161
健身、三溫暖帶來的好處 162
真正想滿足的需求是什麼 164

投資與稅金 166

三種投資及其順序 166
重要的是自我投資和事業投資 167

老實繳稅最划算 170

關於稅金的兩大重點 170
大多數的節稅都不合法 171

旁門左道的情報往往是「信任的人」提議的 174

開始賺錢後，危險的人就會接近 174
旁門左道的情報往往是信任的人提供 177
沒有人會幫助你成為有錢人 178
為什麼成功人士會被龐氏騙局所欺騙 180

第5章

因為金錢而變得不幸和變得幸福的人

以他人為軸心的生活方式是永遠無法獲得幸福的 184
我們是何時失去了以自己為軸心的幸福呢？ 184
追求外部的幸福是無法滿足的 186
打勝仗時更要綁緊頭盔 187
適度的幸福才是最棒的幸福 189
失去後才意識到的事物 189
幸福的獲利了結 191
找到適合自己的適度幸福 192
每個人的心中都擁有幸福 194
幸福就在日常生活當中 194
刻意降低期待值 195
要懂得不花錢就能滿足自己的方法 198

從事喜歡的工作，受到大家的感謝 200
全年無休，工作365天也不會累的理由 200
猴子所追求的目標 201
淨資產超過10億日圓也不FIRE的理由 202
找到人生中真正重要的事物 205
從賺錢轉換目標，現在的自己應該完成的使命 205
1晚100萬日圓的孝親之旅 206
讓金錢開心的使用方式 208
正因為賺到了錢，才真正理解人類的本質 210
後記 212

第1章

從月收入18萬日圓的前教師，到創業第1年達成月營收3.6億日圓

沉浸在籃球中的國高中時期

國高中時期的我每天都泡在社團（籃球社）裡。我自認相當努力，在國中時入選了U（Under）15的縣代表隊；高中時雖然在預賽就不幸碰到當年的全國高中籃球錦標賽冠軍隊而落敗，但我個人在那場比賽中拿到了34分。對我來說，籃球已經讓我感到非常滿足了。

後來我進入同一個學校體系的大學，但因為之前完全沒在念書，所以感到十分焦慮，覺得必須有所改變……由於**英語是我高中時唯一還算擅長的科目**，因此我決定先從英語開始學習。

在上大學之前，**我參加了TOEIC的模擬測驗。我永遠忘不了，當時的分數只有280分。明明是自己擅長的科目，卻只拿到了280分**（笑）。

我就讀的大學有很多留學生，有些課程採用英語授課，周圍也充滿英語對話，這讓我深感壓力。

於是我從6月開始認真念書。**半年後的12月，我在TOEIC的測驗中考**

到了900分。之後也一直沉浸在英語的世界裡，並在大學三年級時通過了英檢一級，TOEIC則拿到了970分。

畢業後我成為一名英語老師。

我家是教師世家，父母都是老師。四個兄弟姊妹中，除了姊姊以外，其他人都是老師，甚至連父親的兄弟姊妹也是老師。因此，我曾經以為成為老師是天經地義的事。

實領薪資18萬日圓，工作繁重的教職生活令人疲憊

然而，這段教職生活卻是令人苦不堪言的地獄。

首先是工時超長。早上4點起床，5點出門，回到家已經是晚上9點或10點。為什麼需要花費這麼多時間呢？那是因為工作實在太多了。**學生指導、社團活動指導、家長應對等等，與英語無關的工作占了8成**。加上校園風氣敗壞，真

的只能用「非常辛苦」來形容。

此外，週末還要指導社團活動，根本無法獲得充分休息，每月的加班時間更是超過150小時。**一般認為每月加班時間超過80小時就是「過勞死基準」，我的工時卻是這個數字的兩倍**，可見是多麼惡劣的勞動條件。

如此繁重的工作量，實領薪水卻只有18萬日圓。

雖然我喜歡英語，也喜歡教學，但疲憊不堪的我，熱情早已消磨殆盡，每天只剩下身心不斷地消耗。

沒有事先調查這份工作的嚴苛程度就選擇當老師，雖然自己也有錯，但我覺得再這樣下去，總有一天會撐不下去。

把自己的知識當成「無形商品」來販售

為了設法擺脫這種狀況，我開始考慮轉職或創業。

我一開始嘗試的是任何人都會想到的，在 Mercari 上販售不需要的物品。我從販售自己看完的英語書開始起步。

雖然一般認為販售不需要的物品這種生意沒什麼搞頭，但**對我而言，這段經驗改變了我的人生**。

我學會了拍攝照片的方法、市場調查與定價（決定價格）、與買家溝通、如何透過限量等方式營造稀有性，以及將商品打包組合販售等電子商務所需的基礎知識。

想當然，**販售不需要的商品，一旦沒有東西可賣，這門生意就結束了**。於是，**我讓猴子（!?）的大腦進化，開始思考「怎麼做才能無限地製造商品」**。

就在那時，我發現有人在 Mercari 上販售「原創教材」，也就是販售自己製作的社會和數學講義來賺錢。

一般來說，Mercari 給人的印象是販售二手商品或家中不需要的東西，但其實**只要是有形物品（除了禁止販售的東西之外），什麼都可以上架販售**。我心想

「就是這個！」，於是立刻開始製作英語教材來販售。一收到訂單，我就列印出來，拿到便利商店寄送。這樣一來，理論上就能無限製造商品，加上因為是接單販售，不需要囤貨，也不需要什麼成本。

我用這種方式成功地賺到數萬日圓。不過考慮到墨水費、紙張費、Mercari的交易手續費等支出，再加上印刷、包裝、寄送等耗費的時間，這項多只能算是**「稍微好一點的兼職工作」**。

不過，**基於這次的經驗，我的思考又更提升了一階**。

我開始思考**是否能省去列印、寄送這些麻煩手續，將知識這種無形商品轉換成金錢**，也就是所謂的**「內容販售」**；但當時身為老師的我，是連這個詞彙都不知道的生意菜鳥。

於是，我開始在**「Coconala」**這個可以買賣個人技能的網站上**進行英語指導**。這樣不但省去了印刷的麻煩，也不需要囤貨，成功將自己的知識這項無形資產商品化。

然而，**這門生意也有一個致命的缺陷**。

那就是**「販售時間」的問題**。我利用30分鐘的時間換取1500日圓的報酬，這意味著我的收入受到時間上的限制。

此外，Coconala這個平台的手續費問題依然沒有得到解決。

至此，我才終於明白**必須滿足以下「三個條件」**才行：

- **自己招攬顧客以免除交易手續費。**
- **販售無形商品（技能或資訊）。**
- **提高時薪。**

既然如此，為正式展開事業，我決定向已販售「知識」這種無形商品的人學習。

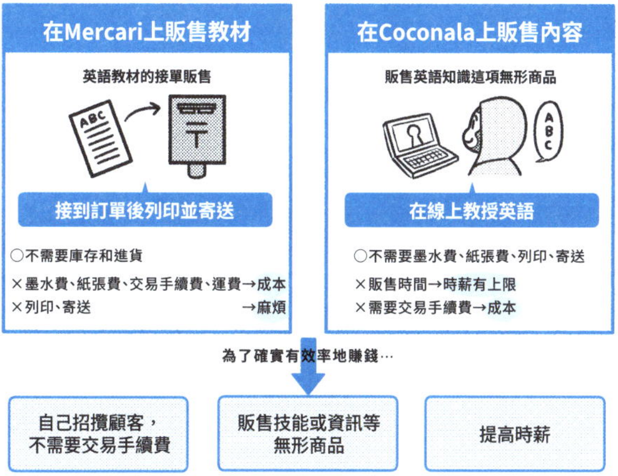

在Mercari上販售教材
英語教材的接單販售
ABC
接到訂單後列印並寄送
○不需要庫存和進貨
×墨水費、紙張費、交易手續費、運費→成本
×列印、寄送 →麻煩
在Coconala上販售內容
販售英語知識這項無形商品
ABC
在線上教授英語
○不需要墨水費、紙張費、列印、寄送
×販售時間→時薪有上限
×需要交易手續費→成本
為了確實有效率地賺錢…
自己招攬顧客，不需要交易手續費
販售技能或資訊等無形商品
提高時薪

販售「他人的商品」後才明白的事

首先，我報名參加了一個為期約3個月的網路行銷課程。

我在那裡學到了一些聯盟行銷，並實際透過該課程的聯盟行銷獲得少許利潤，同時還學到銷售和行銷的基礎。

不過，這裡也有一個問題，那就是**銷售的是「他人的商品」**。這樣的話，就會產生「如果沒人製作商品，生意便做不下去」的恐懼，加上這門生意本來就不是我擅長的事情，也沒有興趣，難以長期經營。

遇見改變人生的講座

走到這一步，我決定**「自己販售自己的技能」**，也就是**自己販售自己擅長的英文指導**。

或許有人會認為「既然如此，一開始教英語不就好了？」，但**當時的我壓根沒想到，除了 Mercari 和 Coconala 等平台以外，自己的知識還能成為商品**，更不用說**這個商品居然能賣到數十萬日圓**。

於是，我參加了某位行銷專家的課程，學習商業模式的整體架構。在這堂課學到的東西對我來說非常有意義。

我隨即開始經營自己的 YouTube 頻道，提供個別英語指導作為商品。

當時的我還是老師，不能露臉，所以決定戴著面具進行拍攝。

一開始戴的是超級陰沉的面具，跟現在完全不一樣，有興趣的人不妨去 YouTube 上看看。

這就是**「猴子」的誕生**。

那是2019年12月的事。

一開始，我連影片製作技巧都糟糕到不行，但隨著次數增加，技術變得愈來愈好。

播放次數、追蹤人數也迅速成長，當我覺得「這樣行得通」的時候，便決定辭去老師的工作。

這個時候尚未產生收益，有點像在賭一把，但我堅信只要努力的話，絕對可以成功。

我在2020年4月以個人事業主的身分創業，開始提供英語個別教學。**隨著YouTube頻道的成長，觀眾爆發性地增加，開始有了收入**。

第2個月的5月，月營收達到380萬日圓，6月的月營收為550萬日圓，8月的月營收為2500萬日圓。成功地從零到一，再從一到一百。同時，我在中途成立了公司。

YouTube的訂閱人數在1個月內突破10萬人。之後也穩定增加，目前已超過40萬人。

將英語教育的線上課程商品化

一開始我是個別教授英語，但人數很快就到達上限，只好暫時停止招生。

因此，**我開設了一所可以一對多指導的線上學校**。從那之後，**我的收入已經多到連自己都感到莫名其妙的程度**。

創業第1年就達成了月營收超過3・6億日圓的業績。

最讓我感到鼓舞的是，**付出多少努力，就會得到多少成果**。**當老師的時候，無論多麼努力，實領薪水固定都是18萬日圓**，但**創業之後，我的行動量會直接反映在結果上**。

這讓我有無比的快感，完全沉迷其中。

以「行銷專家猴子」的身分開始活動

隨著英語線上課程步上軌道後，我開始與透過網路從事商業活動的人們建立了橫向聯繫。

在與各式各樣的人交流的過程中，**我注意到有些人面臨「無法招攬到顧客而煩惱」、「不知道如何銷售」、「商品單價偏低，難以有效提升獲利」**等問題。

這時我思考的是，**如果把我做的事情簡化為可供他人模仿的方式，是不是任何人都能取得成功？**

下一個階段，**我希望將這個網路行銷的技能推廣給更多的人**。

話雖如此，我有點擔心自己使用的方法是否適用於其他人或其他行業，因此一開始是從免費諮詢開始嘗試。

結果發現**無論是誰，無論哪個行業，都能使用這套方法**，於是我開始進行個別諮詢。

後來，我在2022年11月以**「YouTube行銷專家猴子」**的身分製作教材並發布課程。這裡也使用了和英語一樣的行銷手法，因此得以輕鬆地拓展業務。

參加這門課程的學員中，**陸續出現每月營收和收益達到數百萬、數千萬，甚至數億日圓的人**，這些會在後面詳述。

毫不誇張地說，幾乎所有學員都取得了成果。

我並沒有特別聰明，也不是天生做生意的料。

我**只是長時間專注並全心投入在同一件事情上**，僅此而已。

這也是我能在半年內從TOEIC 280分進步到900分，大學三年級就通過英檢一級的原因。儘管也有人認為「因為是猴子先生才能辦到」，但完全沒這回事。我的記憶力很差，也沒有語言天分。我身邊有一大堆具有語言天分的人，跟他們相比，我覺得自己根本遠遠不如。

我真的只是堅持不懈地努力，僅此一點而已。

這部分果然還是深受學生時代打籃球的經驗影響。

我在前面說過，自己國高中都沉浸在籃球的世界裡，星期天從早上9點練習到下午5點，下午5點以後還會自主練習到晚上9點。除了午休和短暫的休息時間之外，所有的時間都在練習，每週只休息一天。

我只是像打籃球時一樣學習英語，像學習英語一樣投入到商業領域罷了。

對我來說，朝著某個目標努力是理所當然的。全力以赴、努力不懈就是核心。

簡單來說，**如果別人一天做3小時，自己做10小時的話，就能比別人快3倍的速度推進人生，僅此而已**。

若要掌握某項技能，必須投入一定的時間。要花時間不斷地努力。

反過來說，只要能做到這一點，**即使沒有特別的才能或特技，任何人都有可能精通某個領域**。

何謂猴子式行銷？

我的行銷方法最大的特徵，是**結合海外頂尖行銷專家的行銷手法，針對日本人的特性，打造出原創的混合式行銷戰略**。

例如，海外的內容販售是以3萬日圓的價格販售減肥教材，然後告訴顧客「接下來就請你自己努力了（自助努力）」或「請自行管理（自我管理）」。

我一直對這種做法感到很不對勁。我認為**「賣了就不管」無法促使購買商品的人（消費者）行動起來**。

因此我決定**透過Zoom或舉辦研討會等方式，提供完善的後續追蹤與支援**。

雖然這樣會提高單價，但**比起售後不理的3萬日圓的內容，有確實追蹤的50萬日圓的內容，更能讓學員的成果確實提升**。

比起賣給100個人5萬日圓的內容，賣給10個確實追蹤的50萬日圓的內容會比較好吧？

讓少數學員確實取得成果，**這正是猴子式行銷的做法**。

我想透過這本書傳達「兩件事」

我直到4年前還是個實領月薪只有18萬日圓的貧窮老師。

後來透過**在Mercari販賣不需要的物品→販售英語知識這類無形商品→培養出並非販售時間的線上課程**這樣的思維，**僅僅1年就達成了月營收3・6億日圓的目標**。

我想說的是，無論身處多麼不利的狀況，只要竭盡全力投入眼前的事情，思考就會追上挑戰的結果，行動也會隨之改變。

我想透過本書傳達兩件事。

一是**「猴子式賺取上億的獲利法」**。這是我一直在實踐的獲利方式。

我會毫無保留地將「只要照著這個方法去做，任何人都能賺錢」的方法傳授給大家。**即使現在是「零」，只要擁有發布內容的主軸和技能，就能以最短最快的速度，讓賺取上億的獲利目標化為現實，使道路變得明確清晰**。

或許我看起來像是在短時間內取得成功，但實際上我也曾經歷過失敗，也有過迷惘和徒勞無功的時候。

舉例來說，「一流教練傳授的練習方法」之所以厲害，我認為是因為他們自己嘗試過許多無謂的練習方法與失敗，將這些經過排除改進的最佳方法教給學生。既然傳授的是精煉到最終形態的方法，那麼學生當然能夠進步。

同樣地，**只要遵循我歸納出的方法，就算沒有投入與我相同的工作量，也能在最短的時間內取得成功**。

我剛開始拍攝YouTube影片的時候根本非常生疏，直到第40部影片才終於有所起色，不過**模仿我的人從第一支影片就開始成長**。雖然身為老師說這種話有點奇怪，但我真的很羨慕大家（笑）。

我花了將近半年的時間才達成月營收2500萬日圓的目標，但其實也有人在更短的時間內就達到這個數字。

我將**在本書首次公開這個方法**，敬請期待。

我所重視的「金錢哲學」

除此之外，我還有另外一件想在本書中傳達的事情，那就是**「猴子式金錢哲學」**。這是關於金錢的觀念。

沒有哲學就賺不到錢，賺得愈多，陷阱就愈多。賺到錢之後，人生的攻略反而更困難。

如何不落入這些陷阱，守住重要的金錢，維持自己的幸福？我認為這些事情**比賺錢更重要**。

只要仔細閱讀本書，並實踐「猴子式賺取上億的獲利法」，任誰都能輕鬆掌握賺錢的訣竅。

不過，支持這個方法的「哲學」也同樣重要，甚至更顯必要。

獲利的方法，以及持續富有的哲學，我認為只有這兩個輪子平衡運轉，才能真正維持財富，並獲得幸福。

我衷心期盼閱讀本書的各位都能確實地賺到錢，並且獲得「幸福」。

那麼事不宜遲，從下一章開始，馬上就來介紹「猴子式賺取上億的獲利法」吧。

賺到錢之後的人生攻略反而更加困難。
賺得愈多，陷阱就愈多！

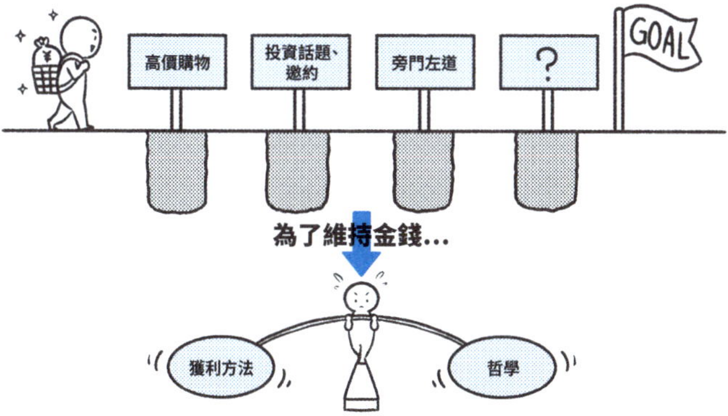

保持兩者的平衡很重要！

第 2 章

在受到感謝的同時，以最高效率獲利「上億」的方法

The Golden Ratio Of Money And Happiness

來吧，開始你的事業吧

什麼樣的事業最適合你

我將在這一章闡述開始創業所需的心態。

首先，要從哪種事業開始著手非常重要。

一般來說，任何人都能輕鬆入門的事業包括「內容販售」和「商品販售」。

內容販售是指透過影片、聲音、文字等方式販售自己的技能或資訊。線上研討會或線上課程也屬於內容販售的範疇。

商品販售必須進貨和囤貨，還得花時間處理商品的包裝和寄送，必須投入時間與成本。

相較之下，內容販售是以自己的技能或資訊作為商品，不需要投入大量資金，任何人都能輕易開始。**只要能夠確實持續提供價值，個人也能賺取相當可觀的收入**。

你的技能與知識都能販賣！

若擁有某種技能或可供發布的專業內容，那麼從事內容販售就沒有問題。

即使目前已經開始創業，營收卻毫無起色，那也沒關係。

透過「猴子式賺取上億的獲利法」重新調整自身策略，依然可以獲得壓倒性的成果。

有些人可能會覺得「雖然擁有技能，卻沒有自信教導別人」，或是「在相同領域已經有很厲害的人，跟那個人相比，自己的實力根本不夠」。

關於這一點，其實不需要一開始就具備頂尖水準的技能。

如果對象是初學者，一開始**只要站在「稍微懂得多一點的前輩」的立場即可**。對於初學者來說，只要能夠幫助他們取得成果的技能就足夠了，沒有必要教初學者過於艱深的內容。

不過，技能當然是愈高愈好，而且「光憑目前的技能就能一直做下去」的想法也不對。從這個意義上來說，**不管在哪個階段，都必須提升技能**。

舉例來說，靠副業月收入5萬日圓的人，理論上可以指導月收入零日圓的人；但比起月收入5萬日圓的人，大家應該還是希望向月收入百萬日圓或千萬日圓的人學習吧。

因此，**希望大家要有這樣的心態，那就是僅憑「一點點技能」並無法在這個世界上輕鬆取勝**。

即便是現在，我仍在持續學習英語和行銷。縱使TOEIC考了970

分，我仍然需要學習。

我想應該也有人「擅長製作物品，想販賣自己製作的東西」，或是「已經在從事商品販售的生意」。

當然，專注於商品販售也是可行的道路，但如果能更進一步，透過「教授製作和銷售作品的方法」、「傳授關於商品販售的訣竅或機制」，就有可能實現「內容化」。

為了將「零」變成「一」

另一方面，或許有些人目前沒有任何可以發布的內容，也就是處於「從零到一」的「零」的階段。這種情況下該如何是好呢？

一個提示是，比起「看起來有利可圖的事」，不如選擇「自己真正想做的事」。畢竟喜歡的事情才能長久堅持下去。

聽到這裡，或許有些人會煩惱「找不到想做的事情」，但比起尋找想做的事情，**找出不想做的事情反而更加重要**。

要將「不想做的事情」從人生中排除。例如「不想搭擠滿人的電車」或「不想接待客人」等。將這些事情一一列出來，最終自然只會剩下「想做的事情」。

一旦確立「唯獨這件事不想做」，就會想要擺脫負面狀態，從而大幅提升幹勁。

事實上，我自己也是從**「無論如何都想辭去英語老師的工作」**開始的。一心只想著辭職，因此拚命製作 YouTube 影片。然後，我才在那裡找到自己真正想做的事情。

「強項」就隱藏在「令人煩躁的事情」之中!?

不知道自己的優勢或強項的人，不妨試著思考**「和別人相處時會感到煩躁的**

事情」。

舉例來說，聽別人說話時，你是否有過「為什麼這個人不直接說結論呢？」、「如果是我就會說得更有條理」這類感到煩躁的經驗？

那是因為這對你來說是再自然不過的事，因此才會覺得煩躁。而這背後或許正隱藏著你具備「能夠整理內容並清晰表達」的才能。

或者，你也可以回想看看，是否有朋友曾向你尋求建議。例如「常有人請我提供時尚方面的建議」，或是「同伴希望我能教他製作簡報資料的方法」等。

當然，**光憑這些就想立刻轉換為可獲利的內容有點不太可能。然而，若能從中找出方向，持續精進技能的話，便能培養出賺錢的能力**。

「你也能做到」是天大的謊言

經常有人宣稱「沒有技能的人也沒問題！」、「其實你早就擁有技能了！」這樣的訊息，但我認為這種說法有點言過其實。**沒有付出多少努力的人，僅憑「因為有點擅長這個」、「自己似乎也能輕易做到」這種程度，是無法在這個世界賺錢的。**

企圖透過投機取巧的方式賺錢，等同於欺騙他人，不是可以長久經營的事業。**唯有腳踏實地，掌握紮實的技能，才能真正開始邁向成功。**

即使開始創業，如果學員在後面介紹的「試賣」階段無法取得成果，最好先暫停一下。

這時，應該選擇提升技能後重新出發，或是從零開始重新審視計畫，我認為必須抱持這樣的覺悟。

務必「從小規模開始」

創業的時候，務必要**謹記從小規模開始的原則**。

若一開始就投入大量資金，設定過高的期望值……一旦失敗，損失就會非常慘重。

務必從小規模開始，當事情進展不順利時，便立刻調整方向，這樣就能將損失壓到最低，最終往往能獲得可觀的利潤。

還有，最初**先專注於一件事情上也很重要**。

因為我的方法是讓任何人都能取得成果，一旦稍微有些獲利，就很容易產生「那個也試試看吧」、「這個好像也不錯」的念頭。

如果在根基尚未穩固的情況下分心，

○	×
• 從小規模起步，失敗時的損失會比較小 • 就算不順利，也能立刻重新來過	• 一開始就投入大量資金，失敗時的損失會很大 • 進展不順利時的損失也會很大

小小的台階就不會摔倒
即使摔倒也不痛，可以回到稍早之前的狀態

跳得愈高摔得愈重，
就算想重來，也沒有資金……

可能會帶來風險。

建議大家抱持著至少在賺到1000萬日圓，可以的話最好是1億日圓之前，不要輕易涉足其他領域的心態。

Osaru's Keyword

創業時要壓低初期成本，從小規模開始。

The Golden Ratio Of Money And Happiness

獲利的基本在於「提供價值」這個簡單的本質

我能持續獲利的理由

不管做什麼，有一件絕對重要的事，那就是**「提供價值」**。

提供價值給客人，這件事情看似簡單，卻至關重要。這裡所說的「價值」，是指資訊、技能、內容。

正因為有這個堅定不移的提供價值作為根本，我才能在創業的四年間不僅沒有衰退，反而持續締造佳績，學員們也都取得不錯的成果。

這並不是依靠什麼小技巧或訣竅。例如雖然有「在 TikTok 上使用這個

BGM容易爆紅」、「加上最合適的標籤」、「最好每天發文」之類的技巧，但這些都只是枝微末節的部分。

只要持續提供真正有價值且優質的內容，自然會獲得更多的粉絲。

不妨想想那些藝術家。即使是暢銷歌手或藝人，也不是每天都推出新歌。只要能持續一年推出一首好歌，就能長久留在人們的記憶中，成為經典名曲並流傳數十年。

這就是所謂優質的內容。

Osaru's Keyword

獲利的基本在於「提供價值」。

靠炒作的人會落得什麼下場

經常有人會用「任何人都能〇〇」、「輕鬆賺錢」之類的誇大廣告為賣點。也有人明明沒什麼專業技能，卻靠著廣告炒作一年獲利10億日圓。

炒作只會帶來下列的負面影響：

- **不會受到感謝**
- **不會受到信賴**
- **不會受到身邊的人稱讚**

完全沒有好處，最後因為引發眾怒而名聲掃地，不得不逃往海外……這樣的人我見過不少。

跑路或許是個選擇，但那些靠炒作獲利的人，從此再也無法從事同樣的事業。

歸根結柢，**炒作獲利只是提前收割未來能賺到的錢而已**。

從這個意義上來說，「調整期待值」至關重要。一開始即使營收沒有起色也

無妨，誠心誠意地傳達商品的內容才是最重要的。

結論是沒有「捷徑」！

結論是通往成功的道路沒有捷徑。

①培養技能
②發布資訊，建立實績
③獲利

一切都必須按照這個順序，按部就班地一步步來。

大多數的人往往因為偷懶跳過了第一步，導致無法獲利，或是靠廣告炒作而引發眾怒。

自古以來就有「情報商材」這種生意，這種商品內容空泛、近乎詐騙，卻以「絕對能賺大錢」、「短時間內就能○○」之類的話術來炒作。

內容販售有時也會被歸類為這樣的「情報商材」，但**決定性的差異在於，提供內容的人是否具備真正的專業技能，內容是否具有可複製性**。

以我為例，**在英語領域，我擁有英檢一級與 TOEIC 970 分的壓倒性實績；在行銷方面，我的學員陸續有人成功實現上億獲利**。這些實績成為我販售技能的堅實基礎，其差異會反映在**學員的成果**上。

不過，雖說「情報商材很可疑」，但這並不表示販售知識或資訊這件事本身是不好的。

海外也有人從事內容販售，形象毫無爭議，甚至理所當然地成為一門生意，但在日本卻給人負面的印象。

儘管這不是黑白棋遊戲，但我認為**必須將其從黑色翻轉成白色才行**。

簡而言之，只要擁有紮實的技能或資訊，即使價格昂貴，也可以光明正大地販售。

The Golden Ratio Of Money And Happiness

短時間內迅速累積財富！

20歲的千萬日圓和30歲的千萬日圓，價值並不相同

1．8億日圓。

突然問大家一個問題，各位覺得這個數字代表什麼呢？

其實，這個數字是「1000萬日圓」在20歲時的實際價值。

或許有人會感到疑惑，讓我來解釋一下。

20歲擁有的1000萬日圓，與多年拚命存到80歲的1．8億日圓，其實價值都一樣。

假設20歲時存下1000萬日圓，以年利率5%的指數型基金進行複利操作，那麼這筆錢在60年後的80歲時就會變成1.8億日圓。

我自己也用約2億日圓投資指數型基金，透過複利機制，真的像滾雪球一樣愈滾愈大。

我想表達的是，**年輕時在短時間內賺到的1000萬日圓，和花了數十年省吃儉用存到的1000萬日圓，兩者的價值並不相同**。

下面是一個很著名的故事，有兩個人分別叫做傑克和吉爾。傑克從18歲到25歲

沒有比盡早賺錢更重要的事！

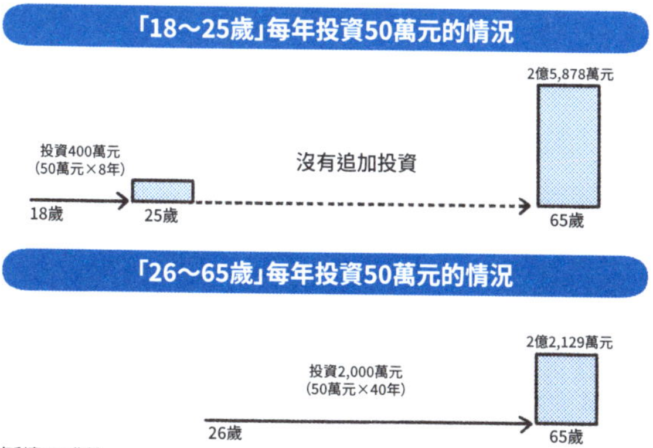

※以年利率10%為例

出處：YouTube 頻道「両学長 リベラルアーツ大学」

的8年間，每年投資50萬元，總共投資400萬元。

另一方面，吉爾從26歲到65歲的40年間，每年投資50萬元，總共投資2000萬元。

假設傑克和吉爾都投資相同的金融商品，年利率為10%。

到了65歲時，這兩個人之中，誰會擁有較多的錢呢？

沒錯，答案是傑克。

當然，就算年紀大了之後才開始投資也不算遲，不過還是盡早賺錢比較好。

為什麼網紅往往只能紅個幾年？

「猴子式賺取上億的獲利法」必須要活用社群平台，但**社群平台也存在一些意想不到的風險**。

首先，第一個風險是**隨著年齡增長導致價值下降**。20歲的人和40歲的人做同樣的事情時，20歲的人因為更具稀缺性，比較容易受到關注。

此外，還有**引發眾怒、帳號被BAN（停用）、遭到盜用的風險**，以及**「被觀眾厭倦」**的風險。

不只是社群平台，社會的規則變更也有可能成為風險。趨勢的變化、增稅、國家方針或政策的改變、競爭對手或支付平台的規範、大型企業進入市場等等。另外，我們才剛見證像新冠肺炎這種突然發生的意外全球性變化。

對於生活在這種時代的我們來說，我認為**「生活在充滿不確定性的時代」這樣的認知是不可或缺的**。

這些都是網紅註定要面對的風險。

事實上，幾年前活躍於社群平台、訂閱人數超過100萬人的大網紅，現在多半不是退出這個圈子，就是收益減半。

「這麼說來，之前經常在社會上造成轟動的那個人，最近好像沒看到了呢」，各位是不是很常聽到這句話？

很遺憾，網紅是有賞味期限的。

賺錢的機會只有「現在」！

既然有這樣的風險，那麼會導致什麼結果呢？就是會**發生「只能賺一時快錢」的問題**。

假設創業成功，每月有100萬元的獲利，這樣一年就是1200萬元。如果持續5年的話，獲利就是1200萬×5＝6000萬元。乍看之下很驚人吧，能持續5年每月穩定獲利100萬元確實相當了不起。

不過，5年後有可能因為前面提到的風險因素，導致收入歸零。

順帶一提，據說日本大學畢業生的平均生涯收入，男性約2．7億日圓，女性約2．2億日圓。即使持續5年月收百萬日圓，金額也遠遠不及這個數字。

當然，創業後能夠動用的經費較大，但也要繳稅。反而是賺得愈多，可能會被課更多的稅。

「社群平台創業家」很容易誤以為現在的收入會一直持續下去，往往看不見

「可能有一天會賺不到錢」的風險。

那麼，該怎麼做才好呢？答案只有一個。

那就是做好覺悟，趁年輕有體力的時候，**在短時間內一口氣賺到一定程度的金額**。

當然，無論從幾歲開始都不算太遲，也有人到了高齡之後才創業，獲得巨大的成功。但隨著年紀增長，體力勢必會逐漸下滑，各方面都會變得愈來愈吃力。

不過，現在的事業也有可能持續且穩定地發展。**我並不是在嚇唬大家一定賺不到錢**。

但是在這個時代，絕對要考慮到風險。**現在正是關鍵時刻。**

Osaru's Keyword

集中精力，於短時間內賺錢。

大家都搞錯了，創業最重要的事情

在創業時，有件事希望大家能夠牢記在心。

那就是**累積數量壓倒性地重要**。

如果將「品質與數量」擺在一起，大家認為哪邊比較重要呢？

大部分的人往往會追求「品質」，但**如果沒有累積足夠的數量，就不知道何謂品質**。

我的行銷課程學員中，能夠取得成果的人，都在「數量」下足功夫。

當然，每個人都具備優秀的技能，但**投入的數量確實有所不同**。我想這很大程度上與**我向他們「傳授基準值」**有關。

總之，**透過向學員展現我如何努力地投入時間和精力，讓他們意識到「自己也必須更加努力才行」，從而提高自己的基準值，最終取得成果，形成良性循環**。

雖然這麼說可能有點奇怪，但我已經全力以赴了，現在依然如此。

正因為如此，**我才能順利取得壓倒性的成果**。

前面也曾提過，不可能有輕鬆賺錢這種好康的事。

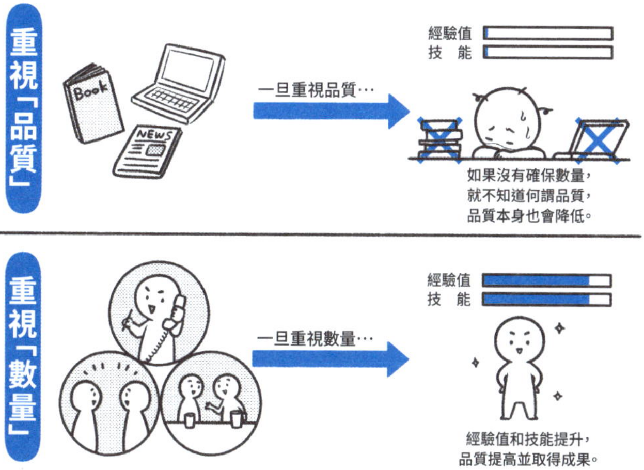
重視「品質」
Book
NEWS
一旦重視品質…
經驗值
技　能
如果沒有確保數量，
就不知道何謂品質，
品質本身也會降低。
重視「數量」
一旦重視數量…
經驗值
技　能
經驗值和技能提升，
品質提高並取得成果。

但反過來說，**這也是一個「全力以赴就能取得成果」的世界**。

希望大家也能在創業初期就全力衝刺。

Osaru's Keyword

創業需要的不是「品質」而是「數量」。全力以赴吧！

第3章

猴子式「賺取上億」的路線圖

The Golden Ratio Of Money And Happiness

以最短最快的速度「從零躋身為前2%之人」的方法

「無法取得成果的人」所欠缺的東西

在當今的日本，淨資產超過1億日圓的人，僅占總人口的前2%。不過，「猴子式賺取上億的獲利法」把獲利上億化為可能。事實上，我在開始創業的1年之內，就從零成長到上億。

本章**將傳授各位從零晉升「前2%」的奧義**。

我想閱讀本書的讀者中，應該有人已經在經營事業了。

其中，**有些人可能只取得了不上不下的成果，甚至有人賺不到錢，正在為此感到苦惱**。

為何無法取得成果？

從結論來說，這是因為**沒有掌握「本質」，反而拘泥於細枝末節的技巧**。

例如，增加粉絲人數的方法、提升銷售能力的方法、增加 YouTube 播放次數的方法、自我啟發等等。

當然，這些事情也很重要，但這些並非「本質」。其中**忽略了為了取得成果，一開始非做不可的關鍵步驟**，所以才無法取得成果。

即使非常努力，也有可能朝錯誤的方向前進。

那麼，本質是什麼呢？那正是**「與成果直接相關的設計圖」**。

如果一開始沒有掌握全貌，就會搞不清楚哪些是優先事項，不知道如何決策，進而陷入迷惘。

沒有設計圖，房子就無法建造吧。

兩層樓高、外牆長這樣、這裡是陽台、有幾間房間……像這樣要有「我想蓋一棟這樣的房子」的設計圖，才能開始建造房屋。

同樣地，**事業也需要設計圖，如此才能取得我們期望的成果**。

這個設計圖就是**「猴子式從零到獲利上億的路線圖」**。**只要照著路線圖去做，你也能夠以「前2%的人」為目標**。

我採取了大量的行動，經過無數次的試錯與調整，最後才好不容易取得壓倒性的成果。

但**只要有了這個路線圖，只需沿著我開闢的道路前進就好，得以用最短最快的速度獲利**。

Osaru's Keyword

成功少不了「設計圖」。

路線圖的5個步驟

「猴子式從零到獲利上億的路線圖」是由以下5個步驟組成：

①免費諮詢。
②招募體驗學員，透過勞動密集型方式獲利。
③改善問題點，優化並完善商品與服務。
④透過學員訪談影片，展示「實績」與「透明度」。
⑤將個別指導課程化。

仔細用心地執行這5個步驟。這就是**猴子式賺取上億的獲利法的全貌**。

無論是什麼領域，這5個步驟都是通用的。關鍵在於如何細緻地執行這5個步驟。

此外，這5個步驟無論在哪個階段都不能跳過。不能直接從②或⑤開始，若不按部就班地執行，就沒有意義了。

下面就針對這5個步驟詳細說明。

1 免費諮詢

Points!

- 透過與顧客諮詢累積經驗。
- 盡可能處理更多的諮詢案件。
- 體驗事業的一連串流程。

事業的第一步從「免費諮詢」開始！

首先從「免費諮詢」開始。在社群平台上發文的同時，免費接受顧客的諮詢。X（原 Twitter）的固定推文、YouTube 的專屬內容、LINE 的限定內容，不管什麼都可以，從在社群平台上發布免費諮詢的通知開始行動。

這應該可以馬上開始，**即使處於還沒有商品的階段也沒關係**。

這裡有兩個重點。

第一個重點是**拜託諮詢者「在社群平台分享心得」**。當然不是強制性的，而是以「拜託」的形式請對方幫忙發布推文。

第二個重點是**盡可能與更多的顧客諮詢**。拜託他們發布感想推文，透過口耳相傳，諮詢案件也會逐漸增加。

如果「開始提供免費諮詢，卻完全沒有顧客上門」的話，請努力在社群平台上持續發布資訊。這時候要培養技能，同時持續發布有用的資訊。

以我為例，在沒有商品的狀態下，我提供了超過100件的免費諮詢，至於行銷事業更是累積超過500件的諮詢。

趁顧客還很少的時候累積經驗是非常重要的。從這個角度來看，當還沒有吸引到足夠顧客時，反而是一個絕佳機會。

當然，不需要像我一樣處理500件諮詢，畢竟這取決於事業的內容，而且應該也有人無法吸引到那麼多顧客，所以件數要配合自己的狀況而定，但要盡力而為。

Osaru's Keyword

透過免費諮詢盡量處理更多案件。

個別諮詢帶來的好處

個別諮詢最大的優點在於能以最短最快的速度體驗「招攬顧客」、「教育」、「銷售」、「顧客支援」這一連串流程。

當然，這裡的體驗只不過是事業的縮小版，但是**能夠以最短最快的速度體驗這一切無疑非常重要**。

此外，透過面對顧客，也**可以練習接受別人的諮詢，理解顧客的煩惱，培養直覺力**。這對日後的資訊發布非常有幫助。

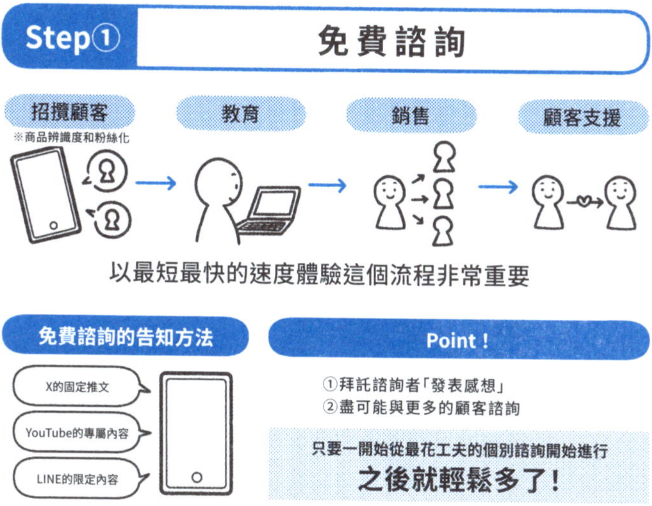
Step①
免費諮詢
招攬顧客
※商品辨識度和粉絲化
教育
銷售
顧客支援
以最短最快的速度體驗這個流程非常重要
免費諮詢的告知方法
X的固定推文
YouTube的專屬內容
LINE的限定內容
Point！
①拜託諮詢者「發表感想」
②盡可能與更多的顧客諮詢
只要一開始從最花工夫的個別諮詢開始進行
之後就輕鬆多了！

更重要的一點是，**在最初階段就進行了最花工夫的個別諮詢**。

以我為例，在最初階段的英語事業進行１００件免費諮詢，每天提供超過12小時的一對一課程，每週５次。此外，還以手動方式將研討會的行程調整通知寄給２５００人。

現在回想起來，簡直難以置信，這個基準值也太高了啦（笑）。

不過，正因為有當時的經驗，現在**即便累計超過３０００名學員，我依然能夠提供大家完善的支援**。

一開始就把基準值設定得高一點，就能維持高水準的工作品質和工作態度。

如果一開始就追求自動化，基準值就會偏低；等到後面事業擴大時，可能會陷入混亂或遭遇挫折。

簡單來說，**前期辛苦一點，之後就會輕鬆許多**。

Osaru's Keyword

個別諮詢的經驗在日後將發揮巨大作用。

「能夠招攬一定數量顧客的人」容易犯的錯誤

在這個階段最容易犯的錯誤，反而是「已經開始經營事業，能夠招攬一定數量顧客」的人。

這類人經常會舉辦研討會等活動，並當場推銷付費商品。不過，**如果一下子就推銷商品或服務，即使商品有什麼問題，也無法進行調整**。

例如，教導初學者過於困難的內容、偏離重點、跳過中間的步驟……等等。

我見過好幾個人因此失敗。

若從「一對一」的個別諮詢開始，即使失敗也能將損失降到最低。透過與每個人面對面交流，傾聽他們的意見，**反覆調整和修正，就能讓品質提升**。

我也是**透過不斷處理免費諮詢的案件，提升商品和服務的品質，最後才達到可以透過研討會銷售的水準**。

我開始經營YouTube才短短半年多，就創造出月營收2500萬日圓的爆炸性營收；這也是因為有前面透過個別諮詢等方式，提升商品和服務品質所打下的基礎。

Osaru's Keyword

在個別諮詢中與每個人面對面，
不斷進行調整與修正。

column

暢銷的原因在於「粉絲化」

網路上也有其他提供個別指導英語的服務，其中甚至不乏大型企業。我認為自己之所以能夠脫穎而出，是因為成功地**將「猴子親自授課」的「猴子」品牌化**。

一般人想學英語的時候，多半不會看是由誰授課。不是看「人」，而是看「服務」。例如授課方式，或是每小時的費用。

不過我的情況是，學員是因為**「希望向猴子先生學習」**而來的。這些人看了YouTube後成為我的粉絲，進而購買課程。這正是最大的區別。

藝人指原莉乃小姐的粉絲化也很了不起。

據說她所監製的化妝品和彩色隱形眼鏡都非常受歡迎。

因為是偶像出身，原本就廣受男性的喜愛，但現在也受到女性的強烈支持。「想要指原小姐使用的產品」、「既然是指原推薦的，那應該真的很不錯吧」，有很多人都是這麼想的。

要實現這個目標，**誠心誠意地投入，秉持GIVE的精神持續奉獻，比什麼都重要**。

因為有愈來愈多的粉絲認為「既然是猴子先生說的，那就一定沒錯」，我提供的商品才得以熱賣。

2 招募體驗學員，透過勞動密集型方式獲利

Points!

- 開始販售付費商品。
- 以自己直接提供支援作為商品。
- 累積將自身技能轉換為獲利的經驗。

開始販售付費商品吧

第二步是**「招募體驗學員，透過勞動密集型方式獲利」**。

在提供免費諮詢時，**幾乎100%都會被問到「沒有付費商品嗎？」**。

這時才開始招募付費的「體驗學員」。**因為這裡不是要大幅獲利的地方，所**

以價格設定得比較低。

這個階段還不需要「會員網站」之類的內容，只要提供你自己直接支援的商品和服務就足夠了。

這裡需要的不是報酬，而是實績。

你可能會擔心「沒有內容，真的可以獲利嗎？」，但這正是「勞動密集型」的做法。**利用自己的勞動力來實現獲利。**

說到販賣技能，或許會讓人聯想到「影片內容」、「教材」等，但**「勞動密集型」也可以成為出色的商品。**

個別授課，細心教導，頻繁進行Zoom會議或是回覆訊息，這樣的「貼心服務」就足以讓學員滿意。或者說，這種方式更能帶來最高的顧客滿意度。

下個步驟的重點，在於如何在不降低滿意度的情況下，減少勞動密集的部分。

「勞動密集型」可以立即獲利！

以我為例，一開始是以30萬日圓的價格，販售「6個月的個別英語課程」。雖然「6個月30萬日圓」的價格比市場行情便宜許多，但第一次賣出去的時候，讓我十分開心，甚至忍不住向父母報告（笑）。

當時製作的商品內容包括影片批改、語音批改、英語批改、每週1次的Zoom課程、出作業（批改）、每日聊天報告、任務管理表等等。

商品定價可以是10萬日圓，如果沒自信的話，也可以設定為5萬日圓。

總之要**透過優質的服務提高顧客滿意**

Step② 招募體驗學員，透過勞動密集型方式獲利

可以根據顧客需求量身打造

顧客滿意度高，
比較容易做出成果

可以設定較高的價格

可以立即獲利，也能做出實績！

度，逐步累積實績。

「勞動密集型事業」的優點在於可以立即獲利。

勞動密集型事業可以根據每位顧客量身打造，因此滿意度高，比較容易做出成果。價格也可以設定得比影片內容還要高。

隨著時間推移，應該能**逐漸建立起自己的內容可以獲利的自信**。這個經驗在這裡至關重要。

Osaru's Keyword

只要利用自己的勞動力就能立即獲利。

3 改善問題點，優化並完善商品與服務

Points!

- 觀察體驗學員的反應，不斷優化服務，打造出商品與服務。
- 調整價格。
- 完善商品。
- 若效果不佳則提供退款。

觀察反應，逐步調整價格

在以勞動密集型的方式獲利的同時，有一項工作必須進行。

那就是**根據體驗學員的反應和感想，改善服務的問題點，優化並完善商品與服務**。

除此之外，也要在這個階段**調整價格**。

以我為例，一開始的定價是前面說的30萬日圓，最終將價格提高到60萬日圓。

不過，價格會根據類型和個人而有所不同，不能一概而論。

若體驗學員取得成果，可將價格提高到成交率不至大幅下降的範圍；反之，如果銷售不理想，就降低價格並觀察市場反應。

Step③　觀察體驗學員反應的同時改善問題點，優化並完善商品與服務

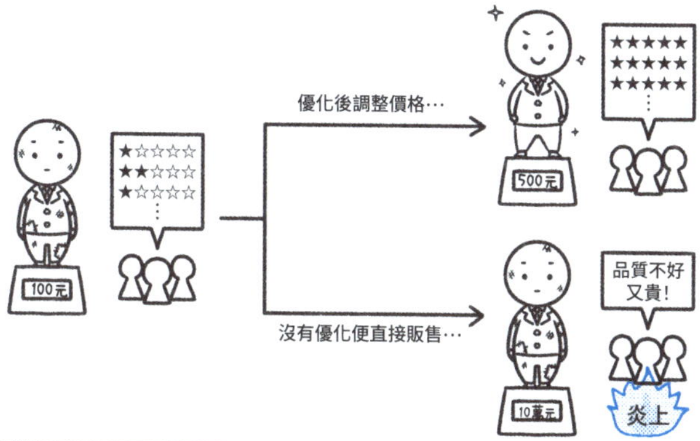

提供真正有價值的東西是事業的本質與基礎！

透過這個過程培養銷售敏銳度。

至於價格，可以從顧客得知價格的第一反應大致掌握。

為何能以高單價販售

讀到這裡，我想可能會有人開始擔心：「自己的商品和服務真的能以高單價販售嗎？」

這和我在第43頁提到的內容相通，關鍵在於**「顧客的變化」**。

大家教導的顧客應該都是初學者，沒有必要教初學者太難的內容。

假設初學者的等級是1，若能將其提升至等級5（中級），就是非常驚人的變化。然而，若是從等級5的中級者提升至等級7的上級者，變化就相對沒那麼明顯了。

不妨想想那些針對初學者的電腦教室或個人訓練，這些事業內容也是幫助等級1的人提升至等級5。

顧客是為了這個變化而付費。

因此，只要能讓初學者取得一定的成果即可。

區分可自動化與不可自動化的部分

此外，這時候要**將內容區分成「可自動化」與「不可自動化」的部分**。能自動化的部分就盡量自動化。例如，將常見的問題與解答整理成「常見問題集」，製作成一支影片。

至於無法自動化的部分，就下工夫加強支援。例如鼓勵學員提起幹勁，或是細心地回饋指導等。

這項作業也要認真仔細地進行。

失敗者的共通點

透過觀察體驗學員的反應，不斷進行改善優化，讓商品與服務更完善，從小規模開始。這應該是最強的起步方式吧。

然而不知為何，大多數人都不這麼做。

許多人沒有經過測試，便直接販售商品。因為販售尚未優化的商品，導致引發眾怒或糾紛。會有這種結果也是理所當然的吧。

我再強調一次，**提供真正有價值的東西是基本中的基本**，而且這並不是什麼困難的事情，只要確實地循序漸進，任何人都能辦到。

最重要的是，在這個階段絕對不能馬虎。

Osaru's Keyword

觀察體驗學員的反應，同時優化商品，這是最強的起步方法

當效果不佳時……

說明到這裡，或許有些人會有以下的擔憂。

「如果效果不佳怎麼辦？」

「如果體驗學員沒有取得成果呢？」

即使如此也不需要擔心。首先，希望各位記住一點，那就是**如果效果不佳，只要退款即可**。

不過，只要我們誠心誠意地提供周到的支援，即使成果有限，實際上也幾乎不會有人要求退款。

萬一**真的需要退款，至少還能留下寶貴的「實績」和「經驗」**，可以順利進

入下一個階段。

不過，問題在於第47頁提到的，**體驗學員完全沒有取得成果的情況**。**這是一個成果至上的世界**。如果無法拿出成果，就代表技能不足，或是存在某種根本性的錯誤。這時候就需要提升技能重新來過，或者考慮選擇另一條道路。

4 透過學員訪談影片，展示「實績」與「透明度」

Points!

- 製作與學員的訪談影片。
- 讓商品與服務具有透明度。
- 有效活用 YouTube。

「與拿出實績的學員進行訪談的影片」帶來「驚人效果」

到③為止，累積實績並完成商品後，便**將「與拿出實績的學員進行訪談的影片」上傳到 YouTube**。儘管也可以整理成文章，但**「影片」的宣傳力道遠遠超過文字**。

雖說是訪談影片，但不需要特別準備，只要請學員介紹自己的實績，說明學習前後的變化，以及課程中的哪些部分對自己有幫助即可。

學員的實績往往容易被忽略，因此平時就必須仔細管理學員的進度與實績。

我會將學員的實績整理在試算表中，就像班導一樣管理進度，從中挑選適合的案例。

展現透明度

在訪談影片中，需要注意的是展現透明度。

所謂的透明性，是指下列在社群平台上公開的資訊，例如：

- **提供什麼樣的商品與服務**
- **課程的營運方式**
- **學員的實績**

事實上，很少有人會把學員的實績展示出來，但**只要確實地展示實績，就能贏得關注的人信任**。

擴展你的「個人市場」

學員訪談影片可以幫助擴展你的「個人市場」。

「個人市場」是指你所擁有的市場。只要在這裡展示學員的實績，就能借助學員的信任來擴展個人市場。

換言之，**可以增加對你感興趣的人，也就是你的粉絲**。

各位是否也曾有過「既然尊敬的某某人都有參加課程，那我也來參加好了」的念頭呢？也就是說，這時「個人市場」正在擴大。

很多人都有過這樣的經驗，舉辦研討會時，第一場還算順利，但第二場之後便難以吸引顧客，購買人數也減少了。

這是因為**「個人市場」的規模太小，願意購買的人數有限**的緣故。

為了避免這種情況，可以透過學員訪談影片一口氣擴大個人市場。

Osaru's Keyword

學員訪談影片讓事業爆炸性成長。

我自己經營行銷事業時，**自從推出學員的訪談影片後，驚人的事情就發生了**。銷售量直線上升，每個月的營收動輒6000萬、甚至1億日圓，莫名其妙地大賣，已經到了讓人搞不清楚是怎麼回事的程度。**從「購買者」的角度來看，有9成的人至少看過一支YouTube的訪談影片。**

相反地，沒看YouTube的人幾乎不會購買。這是因為我有經營X（原Twitter）、Instagram、TikTok，甚至還有出書，但幾乎沒有人只透過這些媒體就決定參加課程。即使是看過書，或是在X上看過的人，**一定是看過YouTube影片後才會報名參加**。

書籍或YouTube以外的社群平台，只是讓人認識我的契機或輔助工具，不會直接帶來銷量。這些媒體無法進行教育，難以培養粉絲。

假如**我當初沒有經營YouTube，營收就可能會是零，或是僅有區區數百萬日圓的程度**。

經常有人感嘆「在X、Instagram、TikTok上賣不出商品」。這也是理所當然，因為**X、Instagram、TikTok只是擴散媒體**，只有輔助的作用。

當然，這並不是說X、Instagram、TikTok就不需要經營，經營還是會有幫助，但**王牌（促成交易的作用）必然是YouTube**，這是我經過各種嘗試後得出的結論。可以說，**所有社群平台都是為了攻略YouTube而存在的遊戲**。

YouTube最強理論

與其他社群平台相比，YouTube的特別之處在於它**同時具備吸引顧客和教育的功能**。

YouTube原本就是一個教育平台，所以不會從一開始就快速成長。不過，**只要某支影片突然爆紅，就能帶來流量**。

此外，**YouTube具有很高的資產性**，能夠長期吸引觀眾。舉例來說，我3年前發布的影片至今仍有人觀看，累計播放次數已達300萬次。

而**X、Instagram和TikTok就不具備這樣的資產性**。

換句話說，YouTube是一個能夠長期穩定吸引顧客並進行教育的最強媒體。

成功人士的訪談影片可說是最強的LP（Landing Page，登陸頁）。光靠這些影片，商品就會自動銷售。

即使訂閱人數很少也沒關係，只要製作出能夠持續被播放的影片即可。在YouTube上，有時一支影片的播放次數就高達1000萬次以上。

不需要成為YouTuber，最終目的是把YouTube當成吸引顧客的媒體來販售自家商品，所以YouTube的廣告

在YouTube上傳與學員的訪談影片，展現「實績」與「透明度」

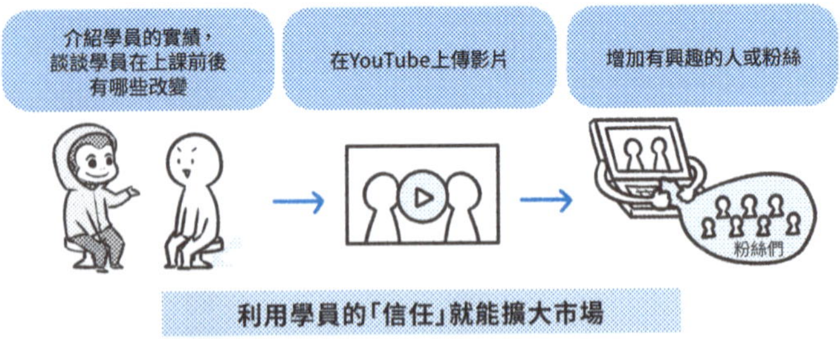
介紹學員的實績，
談談學員在上課前後
有哪些改變
在YouTube上傳影片
增加有興趣的人或粉絲
粉絲們

利用學員的「信任」就能擴大市場

為什麼YouTube是最強的？	
	・其他社群平台是擴散媒體，不會直接帶來營收
	・YouTube可以同時做到吸引顧客和教育
	・可以長期吸引顧客，成為資產

收入並不重要。雖然我的影片應該也有廣告收入，但我並沒有特別注意到底有多少。

Osaru's Keyword

請記住，所有的社群平台都是用來攻略 YouTube 的遊戲。

「不過，應該有人是靠 X、Instagram、TikTok 賺錢吧？」

或許有人會這麼想。

當然，確實有人是透過這些平台獲利。不過，我常說 **YouTube 以外的社群平台都是「兼職收入」**。

這些社群平台的特徵是能在短時間獲利，可以立刻賺到錢。

然而，那正是典型的勞動密集型，付出多少勞力就賺多少；反過來說，沒有付出勞力就賺不到錢。

每天發推文、發布貼文、上傳限時動態。雖然這是理所當然的，但時間有限，因此勞動量也有其極限。在 YouTube 以外的社群平台，付出10的勞動，就只能得到10的回報，而且必須無止境地持續下去。

既然一天只有24小時，那麼營收的上限也會受限，而且貼文不會變成資產，只能持續產出內容。

相較之下，**YouTube 雖然需要較長的時間才能獲利，但上傳的內容會變成資產。**

換言之，這是被動收入，或者是持續性收入。只要製作一次就能一直播放，讓收入像滾雪球一樣不斷增加。只要能持續成長，就有可能減少勞動。

我現在每年僅上傳5~6支英語相關影片，即使如此，每天仍有超過100人持續訂閱。

可見 YouTube 仍是最關鍵的核心。

Osaru's Keyword

上傳到 YouTube 的影片會成為資產！

column

各種社群平台的使用技巧

這裡希望各位記住如何分別使用 YouTube 以外的社群平台。

在商業中使用社群平台的重點在於「是否能夠吸引顧客」、「是否能夠進行教育」。順帶一提，「教育」是指讓顧客認識商品並促使其購買的過程，透過這個過程，可以直接帶動商品的銷售。培養粉絲也是教育的一環。下面就讓我們來看看各個社群平台的特性吧。

・X（原 Twitter）

在吸引顧客方面表現出色。最近的 X 不再看重跟隨者數量，而更注重內容。即使沒跟隨者，也能獲得上萬次曝光。我也曾在僅有 1000 跟隨者時，獲得 1

萬、2萬，甚至3萬次曝光。不過，在教育方面則相對較弱。

• TikTok

在吸引顧客方面和 X 一樣出色。第一支影片就有可能達到數萬次播放。不過在教育方面仍較為薄弱。

• Instagram

在吸引顧客方面，即使是新手也能輕鬆培養粉絲。

教育方面基本上不如 YouTube，但可透過 Instagram 直播進行。屬於勞動密集型，且帳號易被 BAN，穩定性不足。

整體來說，針對企業用戶（to B），X的效果較強；對於個人用戶（to C），Instagram 較有優勢。

5 將個別指導課程化

Points!

- 完成並販售課程教材。
- 透過課程化突破營收上限。

獲利上億的「課程化」

在步驟④展示實績後，會發生什麼事呢？會出現客人源源不斷湧入的現象。

請各位體驗一下這種客人蜂湧而至的現象。只要沿襲前面的做法，一定會發生這種現象。這真的非常驚人。

如此一來，個別指導將會變得無法實質應對。

目前，我的行銷課程已有超過1000名學員，如果採用個別指導的話，絕對應付不過來。

因此才需要**「課程化」**。

當然，與課程化相比，個別諮詢更容易成交，單價也可以設定得更高，但個別諮詢無法擴大規模。比起單價和成交率，擴大規模才是首要任務。

課程化應該提供的服務

這種**課程化正是突破營收上限、實現上億獲利的最終局面**。課程化的關鍵在於**透過講座與聊天來滿足學員的需求，不再提供個別的Zoom諮詢**。具體而言，提供的是以下服務：

- 會員專屬內容（教材）
- 一對多的研討會（群組聊天）
- 個別聊天

・線下活動

可以想像成所謂「電子學習（e-Learning）」的模式會比較容易理解。

雖然不提供個別的Zoom諮詢，但會透過聊天等方式提供充分的支援。

價格根據技能和內容而有所不同，大致範圍落在30萬～50萬日圓左右。

課程教材的內容

這裡簡單介紹一下我在課程中提供的講座。

首先，可以在講座中學到商品製作、社群平台攻略法、吸引顧客方法、銷售方法，涵蓋完整的內容販售方法。

其特點有3項，分別是①非常實用、②提供我實際使用過的影片腳本，讓學員可以直接修改套用、③提供完善的個別支援。

課程形式包括影片講座、直播研討會等。每個月也會舉辦1次線下活動，讓學員和猴子直接對話，或與其他學員交流分享資訊。

除此之外，還附上各種購買者專屬福利，內容相當豐富，品質也很高。

使盡全力實踐5個步驟！

到目前為止，我已經向各位分享了5個步驟。

再次強調，有兩件事很重要。

首先，**5個步驟中的每個階段都不能省略**。可以稍微加快進度，但絕對不能跳過，請務必按部就班

Step⑤　將個別指導課程化

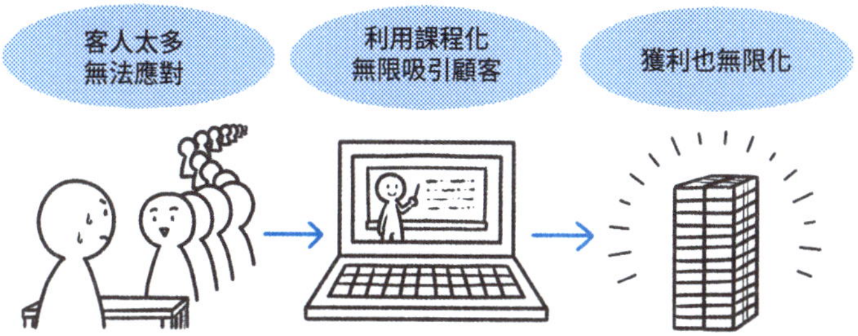
客人太多
無法應對
利用課程化
無限吸引顧客
獲利也無限化

得以獲利上億！

Point！	・只透過講座與聊天提供支援 ・不使用Zoom

地執行。

其次是**務必仔細用心地執行這5個步驟**。這個仔細用心的部分將決定成果的差異，**服務的細心程度將會改變大家的命運**。

只要確實執行這5個步驟，**不僅是年營收，甚至可以達成淨資產破億的目標。創下自己有史以來最具壓倒性的實績也並非不可能**。

我不會說這很簡單，這個世界並沒有簡單到「立刻就能輕鬆賺錢」，但只要努力，一定會往好的方向前進。

實際上，我教過的學員都迅速取得了驚人的成果。

例如：

- 美容沙龍的吸引顧客指導　月營收983萬日圓　KURITA
- 線上減肥課程　月營收9400萬日圓　くどう
- Yahoo! 購物（店鋪經營）支援事業　月營收5400萬日圓　松下
- 家教　月營收1600萬日圓　ゆうた

・YouTube 腳本製作課程　月營收 270 萬日圓　ポエマタ

・體質改善指導　月營收 1000 萬日圓　tomomi

・急救人員知識販售　月營收 1000 萬日圓　パラメディックホース

・輪椅 YouTuber　線上沙龍經營　首次銷售即達月營收 280 萬日圓　ちんさん

還有許多我無法列舉的成功案例，大家都取得了戲劇性的成果。

使盡全力實踐5個步驟

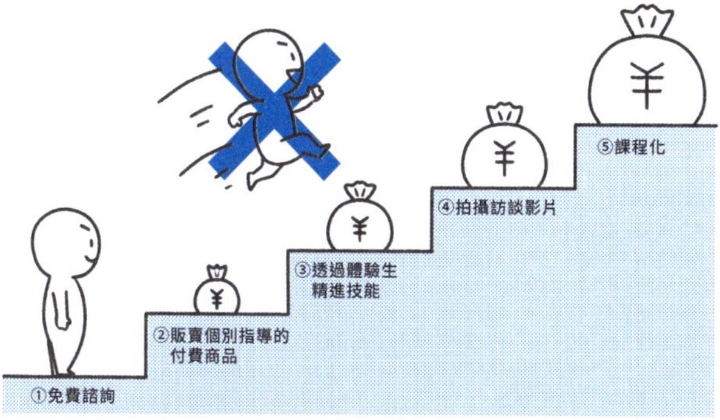
①免費諮詢
②販賣個別指導的付費商品
③透過體驗生精進技能
④拍攝訪談影片
⑤課程化

不能跳過任何步驟，仔細用心地實踐！

首次公開！嚴選50種能夠獲利上億的領域

至今我已經指導超過1000名學員，很清楚**哪些領域能夠實驗「上億」的獲利**。這些領域我**將在本書首次公開**。

我精心挑選了50個實際有學員成功獲利上億的領域。連「這也能賺錢？」這類令人意外的領域都具有市場潛力。

當然，除了這些領域之外，從這裡衍生出來的領域也能帶來可觀獲利。市場是無限大的。請對照清單，思考如何運用自己的技能來提供服務。

教育類

特色是不受流行趨勢影響，存在一定的需求，能夠長期穩定販售。此外，發布的內容生命週期較長，可以持續被觀看。然而，也有競爭對手較多這個缺點。

根據我的指導經驗，語言類的營收排名依序是英語、中文、韓語、西班牙語。

・補習班

- 英語
- 中文
- 韓語
- 西班牙語

開運、占卜類

占卜能夠滿足人們想了解未來的需求，而吸引力法則與潛意識開發則是用來解決財務、人際關係、過去的心理創傷等問題。

兩者都是歷久不衰的共同需求，擁有廣大的市場。可以在YouTube、X、Instagram、TikTok等各大社群平台推廣。

- 占卜
- 吸引力法則
- 潛意識開發
- 開運

- 命理

戀愛、兩性關係類

大部分課程都是針對男性傳授搭訕技巧。教導如何搭訕女性、建立關係，甚至發展進一步的親密互動。內容涵蓋街頭搭訕技巧、女性心理學、約會技巧等等。這也是擁有穩定需求的領域，很適合在YouTube、X上推廣。

- 戀愛
- 提升魅力
- 搭訕
- 交友軟體攻略法

美容、健康、減肥類

美容和減肥指導也是有穩定需求的領域。

體質改善通常是解決輕微不適，進而達到減肥的效果；ＥＤ治療則是由擁有醫師執照的人針對難以啟齒的困擾提供專業諮詢與解決方案。這個領域也適合在 YouTube、X、Instagram、TikTok 等各大社群平台上推廣。

- **美容**
- **體質改善**
- **ED 治療**
- **減肥**

運動類

瑜伽指導、高爾夫指導、健身訓練指導等運動類的課程，基本上都是可以設定高單價的內容。我的學員中也接連出現獲得高收入的人。YouTube、X、Instagram、TikTok 等所有社群平台都能使用。

- **瑜伽**
- **高爾夫**
- **健身訓練**

心理、人際關係類

心理與人際關係也是普遍受到歡迎的領域。

有不少學員利用改善夫妻關係、育兒等課程在 Instagram 上取得成功。輔導方面則是 YouTube 較具優勢。

- **改善夫妻關係**
- **育兒**
- **心理**
- **輔導**

網路、AI類

這類課程都會傳授技術和獲利方式。

例如，影片剪輯課程不僅教授影片剪輯的技巧，也會指導如何賺錢；社群媒體經營代管也會教你代經營的方法與如何獲得案源。

網路、ＡＩ類的領域可以透過 YouTube、X、Instagram、TikTok 等平台進

行推廣。

- YouTube 攻略法
- X（原 Twitter）攻略法
- Instagram 攻略法
- TikTok 攻略法
- L-Step（ＬＩＮＥ自動行銷系統）
- 部落格
- 影片剪輯
- 無程式碼開發（No-Code）
- 社群媒體經營代管
- 網站開發
- ＡＩ相關

商品販售、行銷類

商品販售的諮詢、行銷、銷售、廣告也是陸續有學員取得巨大成功的領域。即使是實體店鋪的加盟連鎖店招募，也有人利用猴子式行銷獲得卓越的成果。商品販售、行銷類也適合在 YouTube、X 上推廣。

- **加盟連鎖店招募類**
- **行銷攻略**
- **廣告**
- **商品販售**
- **銷售**

金錢、投資類

資產管理和投資也是需求旺盛的領域，適用於 YouTube、X、Instagram、TikTok 等各大社群平台。意外的是賭博也很受歡迎，在 YouTube、X 上很容易吸引顧客。

- 資產管理
- 投資
- 賭博
- 不動產
- 聯盟行銷

其他

有些看似冷門的領域，也有不少人在其中取得巨大成功。後勤支援是指提供名單行銷、宣傳、廣告等服務的業務，這些都可以透過所有社群平台進行推廣。

- 後勤支援
- 急救人員
- 實用資訊（祕技）
- 攝影

成功案例
1

利用高重現度的猴子式行銷達成「上億」的月營收！也學到了「金錢哲學」

クニトミ
（國富龍也）先生

經營「副業指南」的部落客，分享副業賺錢的方法。部落格最高月流量達50萬PV，X追隨人數超過12萬人。此外也提供企業與個人的SEO諮詢服務。著有《副業の思考法（副業的思考法，暫譯）》（KADOKAWA）一書。

我原本是靠部落格的聯盟行銷獲利，每月能賺300萬～500萬日圓，最高曾達到1200萬日圓。

我在聯盟行銷的世界或許算是取得了成功，但我的收入主要來自「販售他人的商品」，而且收入在不同的月份會起伏不定，這方面令我感到不安。

此外，我雖然也有販售自家產品，但那是採取大量銷售低單價商品的方式。直到學習了猴子先生的方法之後，我轉而向少數人提供高單價商品，並給予完善的支援。這樣一來，我就能獲得更多時間支援每位學員，學員也因此取得壓倒性的成果。

結果我的營收也迅速成長，最終達成月營收1億日圓的目標。我預計本期光是經常利益將達到1．5億日圓。

總之，猴子先生的方法最大的特色就在於重現性很高。從YouTube上的訪談影片就能看出，在猴子先生的指導下，每月獲利數百萬、甚至數千萬的學員已有

100人以上，那些人的成功經驗和失敗教訓全都被猴子先生彙整起來，確立了「照這樣做就沒問題」的模式，我覺得這點真的非常了不起。

「在 YouTube 和 X 上提供高品質的資訊，吸引用戶註冊 LINE，舉辦研討會介紹商品」，雖然現在大家都會這麼做，但猴子先生是最早的創始人。

不僅猴子先生的事業，他的為人也很值得尊敬。我個人與猴子先生有一點私交，他真的比任何人都還要努力工作，而且極為節儉（笑）。他對於金錢與幸福的觀念讓我深感敬佩，應該沒有人能把金錢與幸福表達得如此清晰，我想這正是他能取得如此成就的原因。

我也非常重視他所說的「幸福的獲利了結」。只要持續保持這種心態，今後的人生應該就不至於大幅偏離正軌，也不會遭遇重大的失敗。我認為他教會了我非常重要的事情。

成功案例

2

利用猴子式行銷雙軸開展事業，短時間內成功達到4000萬日圓以上的獲利

まどか
（森織圓香）小姐

美容和行銷專家。傳授美肌養成和體質改善的JYB協會（日本陰陽五行Tone Beauty協會）代表理事，也為想開展內容事業的人提供諮詢講座。擁有超過500件講座與內容製作的實績。

活用在美容業界24年的經驗，除了經營傳授美肌養成和體質改善的一般社團法人之外，也開設了針對初學者到中級者的內容事業課程，以雙軸開展事業。

一開始是以 Instagram 直播為主戰場，販售體質改善的課程，但只取得成交率20%、月營收約 200 萬日圓的成果。由於課程的性質，無法制定高單價，必須將吸引顧客的效果最大化，但在這樣的經營模式下，開始感覺自己的方法遇到了瓶頸。

我是在 X 上認識猴子先生的，看他年紀輕輕卻能創造如此驚人的成果，讓我由衷感到佩服。

開始學習猴子先生的獲利法後，首先改變的就是我對待客人的方式和態度，結果在商品尚未正式販售的狀態下，就已經有一大群人表示「希望向圓香小姐學習」，光是這樣就創造 600 萬日圓的營收，著實讓我驚訝不已。我確實親身體驗了「尚未開賣就具備銷售力」這件事。

到了隔月，我實施了猴子先生所傳授的贈品企劃，成功創造出700萬日圓的營收。之後營收持續穩定成長，在開展事業的短短半年內，總營收就突破了4000萬日圓。

成交率也從20%提升到71%。能在如此短的期間內大幅提升營收，完全要歸功於猴子式行銷的神奇魔法。

對我而言，真正的轉捩點是猴子先生給我「妳理解得非常深入，又很擅長教學，何不試試教授行銷？」這樣的建議。

於是我決定販售針對初學者到中級者的內容事業課程。

我只是將這門課程的資訊放在X的置頂推文上，沒有進行任何大規模宣傳，卻仍有人報名。

也有許多人是抱持著「希望能向曾在猴子先生那邊學過行銷的圓香小姐學習」的想法，這讓我非常感激。

猴子先生的金錢觀念也非常值得參考。我認為自己今後還會繼續成長，未來我仍會持續透過猴子式行銷獲利，並實踐猴子先生的「金錢哲學」。

成功案例

3

利用猴子式行銷讓營收翻倍！還學到比賺錢更重要的事情

YouTube大師
D先生

YouTube製作人。經手製作的YouTube頻道累計超過1000個，頻道訂閱人數約10萬人，X的跟隨者約2萬人。為不露臉不發聲的YouTube（俗稱隱身YouTube）命名的人。著有《カンタン＆本気の副業！これからYouTubeで稼ぐための本（簡單＆認真的副業！今後靠YouTube賺錢的書，暫譯》（ソシム出版）。

除了傳授不露臉、不出聲的隱身YouTube及一般YouTube頻道的經營課程之外，還經營YouTube顧問公司，提供YouTube頻道的管理營運服務，業務範圍相當廣泛。

原本的月營收約2000萬～3000萬日圓，之後逐步提升至6000萬日圓，曾一度以為「這樣就是極限了」。

然而，當遇到猴子先生，看到他本身取得驚人的成果，他的學員中也陸續出現「月營收破億的人」時，讓我開始覺得自己或許還能更上一層樓。

我從猴子先生身上學到了很多東西，其中有兩件事非常有幫助。

第一件事是沒有做好細節部分的修正。我一直都有在研討會中販售商品，但研討會場次安排、時間分配、研討會本身的長度、贈品企劃等，這些細節都有「細微的差異」。只需改善這些細節，成交率就能提升0．5％甚至1％。雖然只是1％，金額卻極為可觀。這個影響十分巨大。

另一件事是與取得成果的學員訪談的影片。我一開始對上傳訪談影片有些顧慮，擔心這麼做好像顯得過於刻意，所以只上傳了少數影片。然而，向猴子先生學習後，我意識到「必須拋開這種想法」，於是開始積極上傳影片。

這些訪談影片大受歡迎，帶動營收快速成長，也徹底改變觀眾對我的看法，取得了巨大的成果。原來自己的實績若不自己主動展示，對方是不會知道的。

我認為猴子先生最厲害的地方在於，他能夠將「為何能夠販售？如何才能販售？」這些概念化為言語，這些方法確實具有重現度。

我以前都是在自己的知識範圍內摸索如何販售商品，但當我開始沿用猴子先生的做法之後，營收翻了1倍，成功達到月營收1．2億日圓的目標。

猴子先生的金錢運用方式也非常值得學習。

我的身邊不乏許多成功人士，但其中大部分的人都是在浪費金錢，財富不斷流失。不過，猴子先生教會了我如何守住財富，以及如何運用金錢讓自己變得幸福。

我認為這個教誨比賺錢更加重要，可說是非常有價值的學習。

今後我也將持續追隨猴子先生的腳步，努力突破自我極限。健身方面也會努力不輸給猴子先生！（笑）

第4章

持續當個「有錢人」的「猴子式金錢哲學」

The Golden Ratio Of Money And Happiness

弄錯金錢的管理方式，便永遠無法成為有錢人

賺錢的方法與金錢的管理和使用法同樣重要

在第3章中，我特別公開了「猴子式賺取上億的獲利法」。

然而，**真正的關鍵在於賺到錢之後**。為了持續當個有錢人，重要的是賺到錢後如何管理與使用金錢。

之所以這麼說，是因為**我們對於「如何花錢」具備充分的知識**，累積了大量關於使用金錢的知識。

我想各位現在應該是處於讀到第3章的狀態，不過這裡請暫時將腦袋清空，稍微思考一下**「要怎樣才能賺到1億？」**。

「1億啊……」各位是不是像這樣稍微陷入思考停滯的狀態？

接著請試著思考**「要如何花掉1億？」**。

大家是不是馬上湧現出「先買一間房子」、「換輛新車」、「去旅行」、「幫助父母或兄弟姊妹」、「翻修浴室設置三溫暖」等各式各樣的想法呢？

這就是我說的「關於如何花錢的

弄錯金錢的管理方式，便永遠無法成為有錢人！

⚠不知道如何賺錢，只知道如何花錢，那就危險了⚠

明明只是收入短暫增加，卻提升了生活水準，無法脫離賺不到錢卻開銷很大的生活！

知識很豐富」。比起賺錢，花錢的門檻要低得多。

這其實是非常危險的事情。心中明知賺錢不易，卻總覺得花錢輕而易舉。我希望各位先建立這樣的基本認知。

Osaru's Keyword

認識擁有豐富「花錢知識」的可怕之處吧。

生活水準提升，支出也會增加！

就像我在第58頁提到的，世上存在著各式各樣的風險。即使現在一帆風順，也無法保證收入能夠長久持續。

然而，許多人只是收入暫時增加，便過度相信現在的收入會一直持續下去。

問題就在於，**一旦收入增加，生活水準也會隨之提升**。我將其稱為**「伴隨理論」**。

例如，搬進租金更高的大房子。

這麼一來，就會想添購與大房子相稱的昂貴家具，比如沙發、桌子、櫥櫃等物品。

因為有寬敞的多餘空間，所以會想在那裡掛上畫作，或者擺放裝飾品。

接著會想要與之相稱的車。購買汽車後，就需負擔停車費、汽油費、保險等維護費用。

此外，還會產生**自己要與「豪宅」、「名車」相稱**的願望，開始在服裝、手錶、飾品、美容上花錢。

既然開著這麼帥氣的車，就該穿好一點的衣服，戴好一點的手錶。購買提升自我肯定的物品，不斷地打腫臉充胖子。

這就是「伴隨理論」。

提升某樣東西的花費，伴隨而來的開銷就會跟著增加。

或許有人覺得「只是買了一樣東西而已」，但這個支出會導致下一個支出。

我認為這是**許多人忽略的盲點**。

如此一來便**愈來愈難恢復原本的生活水準**。我對這一點感到非常害怕。

Osaru's Keyword

一旦生活水準提升，要回到原本的生活不是一件容易的事。

The Golden Ratio Of Money And Happiness

「他人的失敗」所帶來的啟示

「沒有復活資金的人」最終的去向……

請看第130頁的圖，假設有兩個人都賺到了1億日圓的淨資產。其中A先生住在租金10萬日圓的房子，透過投資信託等方式進行資產運用，沒有增加生活費用，過著樸實的生活。

另一方面，B先生買了房子和好車，提高了生活水準，把錢花個精光。

這兩個人的事業一直都很順利倒還好。問題在於當事業開始走下坡或失敗的時候，1億日圓幾乎還留在手上的A先生，可以利用這些資金東山再起，而**已經**

花光1億日圓的B先生，從此便一蹶不振了。換句話說，B先生由於資產用盡而自取滅亡。

就我的觀察，**事業失敗的人幾乎都是因為生活水準提升而「自取滅亡」**。不花掉1億日圓，就等於賺了1億日圓。

錢不花就不會減少。

這是理所當然的道理吧。

可是當手邊有閒錢的時候，這個「理所當然」就會麻痺。一旦生活水準提升，就會養成花錢的習慣，這麼一來，即使是1億日圓，也會在轉眼間消失。

因此，我認為無論事業多麼成功，都要維持一定的生活水準，準備好能夠

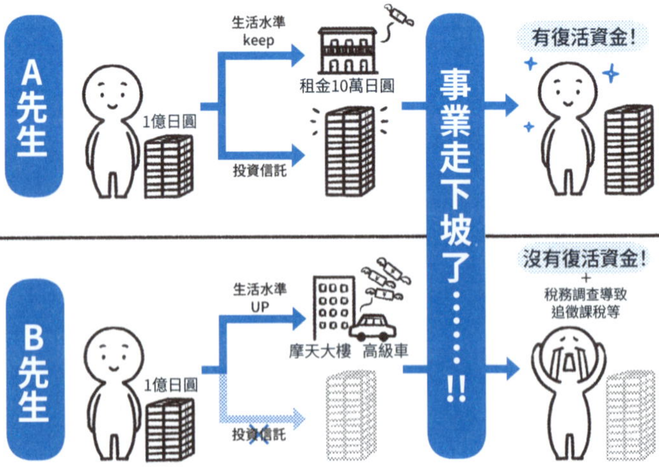

東山再起的資金是很重要的一件事。

雖然也有人認為「事業失敗的話，申請破產就好」，但就算申請破產，原則上稅金也不會被免除。

如果繳不出稅而拖欠，就要繳納滯納稅，使負擔愈來愈重。

正因如此，我認為擁有金錢時反而更需要謹慎小心。

Osaru's Keyword

失敗者幾乎都是因為資金耗盡而自取滅亡。

從他人的失敗中學到「真正重要的事」

僕至今為止，我看過**許多人短暫賺進大筆財富，卻因為生活水準提升而落得悲慘的下場**。

例如，有人在事業上短暫取得成功，賺進一大筆錢，於是買了非常昂貴的手錶，狂買名牌貨，沉迷於酒店，從此無法自拔……

也有人賺了3億日圓，卻將這筆錢揮霍一空，最後無力償還債務，最終逃到海外……

看到這些人的遭遇，**我不斷問自己「想要怎樣的生活」，最終形成了自己的金錢哲學**。

我認為，**正是因為有這個哲學，我才能一路走來都不曾遭遇重大失敗**。

The Golden Ratio Of Money And Happiness

我幾乎不花錢的理由

我之所以能夠創造資產，是因為「沒有花錢」

我在3年半內累計賺了超過25億日圓，淨資產也有10億日圓以上。

但是，我幾乎不怎麼花錢。

生活水準與當老師的時候幾乎沒什麼不同，生活依然簡單樸實。

- 房子 雖然現在結婚後搬家了，但創業後的1年間都一直住在老家。
- 午餐 幾乎不吃。

・晚餐　不外食，若要外食就去大戶屋。
・興趣　健身、洗三溫暖、工作。

我沒有車，房子是租來的。對於名牌、高級手錶、酒和高爾夫球都不感興趣。我之所以能留下資產，與其說是賺了很多錢，不如說是沒有花錢。我沒想過提升生活水準，加上工作基本上很辛苦，根本沒空花錢。一天有3000日圓就很夠用了。

更進一步來說，我認為**只有拚命工作，逼自己忙到沒有時間花錢，才是致富之道**。

Osaru's Keyword

我之所以能累積資產，是因為沒有把錢花在提升生活水準上。

不花錢的真正原因並非「錢會變少」

「為什麼猴子先生很少買東西呢？」
「為什麼猴子先生不花錢呢？」

我經常被問到這些問題。

我之所以不花錢，是因為**花錢會造成損失**。

或許有人認為「不就是錢變少了嗎？」但這並非我不花錢的原因。

花錢最大的損失不是金錢減少。

損失的是為了買東西而浪費的時間。

舉例來說，假設花了１００萬日圓買東西，這時**不僅花掉的１００萬日**

圓，還浪費了時間在購物上。原本可以利用那些時間賺錢，卻把時間花在買東西上，這是最大的損失。

所以，那些揮霍無度導致破產的人，他們最大的損失不是花掉的錢，而是失去了原本可以用來賺錢的時間。實際能用來賺錢的時間減少，就會導致**賺錢的能力下降**。我也見過這樣的人。

有些人的事業經營順利，透過影片等方式實現自動化，卻沒有利用多出來的時間進一步發展事業，而是把錢花在玩樂和興趣上，導致事業停滯不前。

娛樂上的消費＝「金錢」與「賺錢時間」的消費

失去原本可以賺錢的時間就是最大的損失。Time is money!

我認為這其實是一個決定性的重要關鍵。

我的意思不是不能花錢或玩樂。當然可以花錢，也需要適度地放鬆或娛樂。關鍵在於思考方式。**花錢就等於雙重消耗自己的資源，因此要抱持這樣的自覺，在考慮平衡的前提下進行消費。**

只要有了「資源」的概念，我想就能合理判斷什麼時候該花錢，什麼時候不該花錢。

Osaru's Keyword

花錢的同時，也意味著失去時間。

「金錢」在我眼中的價值

「既然不花錢，那賺那麼多錢要做什麼？」

我經常被問到這個問題。

答案其實很簡單，**只要存著不亂花就好**。**賺來的錢並沒有義務非得將它花掉。**

對我來說，金錢的價值大致可分為兩種。

①透過花錢來減少壓力。

②持有金錢就能帶來安心感。

首先是①，**只要身上有足夠的錢，在日常生活的各個方面都能減少壓力，提**

升幸福感。

舉個小小的例子，吃拉麵的時候完全不用在意加料的費用，可以隨心所欲地加點自己想要的配料。這樣不是超幸福的嗎？

在我還是窮老師的時候，常常因為「加叉燒要多花150日圓，怎麼辦才好」這種小事而糾結不已。

旅行訂飯店的時候也是一樣，我會為該選一晚1萬日圓還是1萬1000日圓的飯店而傷透腦筋。

這些小地方都會造成壓力，壓力一多，就會讓人感到難受。

有了金錢，就能消除那些不起眼的壓力。我絕不是想奢侈或揮霍，而是希望能安心地度過日常生活。有了金錢，就能讓這種生活化為可能。

至於②，**光是擁有金錢，便能得到莫大的安心感**。

如此一來，便可享受日常生活。**可以專注在自己喜歡的工作上，也能享受日常的用餐或悠閒的咖啡時光。**這是非常重要的事情。

以前當老師的時候，我根本無法想像「享受日常生活」這回事。工作的時候當然不開心，連週日去迪士尼樂園，也會因為想到明天還要上班而感到悶悶不樂。聚餐時也盡是抱怨，一點也不開心。

就連吃飯和洗澡的時候，我的腦中也會閃過「好想趕快辭職」的念頭，根本無法盡情享受「當下」。

這種毫無壓力、能夠「享受日常生活」的感覺，正是我擁有金錢之後得到的最大寶物。

Osaru's Keyword

擁有金錢的好處，
就是可以毫無壓力地享受日常生活。

column

我能腳踏實地全多虧了父母

有人稱讚我：「猴子先生年紀輕輕就如此腳踏實地，真是了不起。」我覺得**自己能有這樣的觀念，全是拜父母所賜**。

正如之前提到的，我創業後雖然事業逐漸上軌道，但依然在老家住了一陣子。雖然和當老師時的18萬日圓收入相比，賺到的金額遠遠超過這個數字，但我還是過著和以前一樣的生活。

雖然父母也為我的事業步上軌道由衷感到高興，但他們的生活依舊如常。從好的方面來說，就是「非常普通」。他們絕不是會說出「既然有錢就買○○給我」或是「我想搬到豪宅住」這種話的人。

即使我邀他們去旅行，安排入住高級飯店，他們也總是客氣地說「不用了不用了」、「這樣哪好意思」而婉拒。

說這是節儉習慣或貧窮思維倒也沒錯，不過總之多虧了父母，我才有這樣的價值觀。**我真心覺得這是非常幸運的一件事。**

The Golden Ratio Of
Money And Happiness

正確的金錢管理與使用方式

住遍超一流飯店後所領悟的事

雖然我說過自己過著完全不花錢的簡樸生活，但其實我也曾經揮霍享樂過。

尤其是旅行，我去了很多地方。在新冠疫情期間，一流飯店的價格曾有一段時間下降。當時我花了2週左右的時間去京都旅行，住遍了頂級飯店。

一流飯店的氣氛確實氣派豪華，服務也十分周到，我覺得是不錯的經驗。然而隨著體驗的次數增加，那份感動便逐漸消退。

吃飯也一樣。我曾經去過一次要價好幾萬日圓的法國餐廳和壽司店，雖然現在偶爾也會光顧，但**去過幾次後，一開始的興奮感就消失了**，漸漸變得平淡無奇。**人類是習慣的動物。即使是再奢侈的事物，也會逐漸習慣，變得難以真正感受到幸福。**

雖然豪華旅行和一流飯店都是很棒的經驗，但由於已經充分體驗過，現在的頻率已經少了很多。後面會提到，我因為希望父母開心，所以會和他們一起出遊，但幾乎不會為自己安排旅行了。

猴子上酒店會發生什麼事……

我曾經上過2、3次酒店。

朋友說「很好玩」，於是找我一起去，當然事前我有告知妻子一聲。對我來說，那裡完全不是能享受的地方。或許一般男性都喜歡那樣的地方，但我無法理解其中的樂趣。

我們去的地方是所謂的高級酒店，即使再怎麼省，至少也得花5萬日圓。**光**

是點一杯烏龍茶就要5萬日圓。

手上有100萬日圓，沒花掉的話就能留在身上，但要是每天都去高級酒店，兩個星期就會將100萬日圓花個精光。

假設1次2小時，兩個星期就是28小時。花在那家酒店的28小時，究竟換來了什麼呢？**至少我無法從中找到價值。**

我覺得酒店也是不錯的經驗。因為去過之後，我才第一次知道那裡是怎樣的地方。

不過，我想應該不會再去那裡了，完全沒有想去的念頭。當然這只是我個人的感想。能從中找到價值的人，當然在考慮平衡的情況下去去也無妨。

「大戶屋」是最強的理由

在花錢的過程中，我發現一個道理，那就是**錢花得愈多，滿足度就愈低**。

一開始因為期待值達到最高，所以會覺得「這麼豪華的餐點真是太棒了！」

而感動地享用，但第二次之後，理所當然地就沒有第一次的感動了。**第一次就已經達到最高的滿足度，之後只會逐漸下降。**

如此反覆幾次後，我逐漸意識到，錢花得愈多，就愈覺得痛苦，甚至感覺愈來愈不幸，於是變得漸漸不再花錢。

我認為所謂的幸福是「滿足度減去期待值」。換言之，**「幸福度」＝「滿足度－期待值」**。

假設吃一頓5萬日圓的餐點，期待值是12。

但實際吃完的滿足度只有10的話，幸福度就會變成「負2」。明明花了5萬日圓，卻反而變得不幸福。

「幸福度」＝「滿足度－期待值」

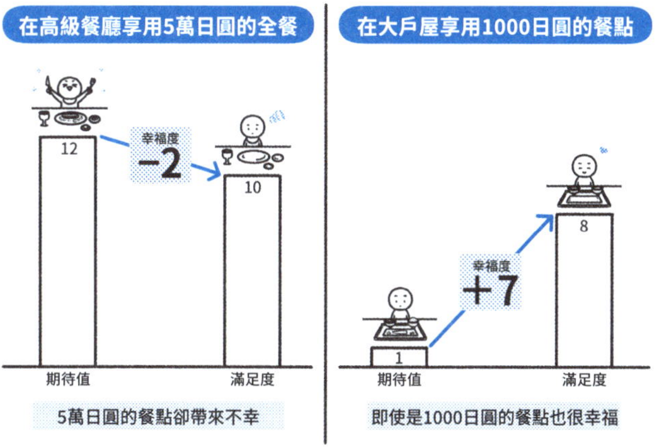

相較之下，我最愛吃的大戶屋一餐只要1000日圓出頭，期待值頂多是1吧。滿足度雖然不到5萬日圓餐點的10，但起碼有7或8，算下來幸福度是正6或正7。

意識到這一點後，我開始覺得與其提升期待值，不如降低期待值才更重要。關於這一點，後面會再詳細說明。

歸根結柢，**金錢就是一種兌換券**。至於要用來兌換什麼，我認為重要的是只用來兌換對自己真正有價值的東西，除此之外的東西就不要兌換（不要使用）。

Osaru's Keyword

金錢是兌換券。只用來兌換對自己真正有價值的東西。

不花錢難道要等到死掉的時候才後悔？

「可是，如果錢不拿來花的話，臨死前不會後悔嗎？」

我想應該有人會抱持這樣的疑問。

把錢都留下來不花，等到臨終的時候，我或許也會後悔地想著「啊啊，要是多花點錢就好了」。

這點我自己也無法確定。

不過，我想那應該只是一瞬間的想法。**比起那個瞬間，「擁有金錢」的安心感能夠持續40、50年，這對我來說更有價值。**

死前那一瞬間的後悔，絕對比不上長期的安心感。「擁有金錢的安心感」就是如此地重要。

The Golden Ratio Of Money And Happiness

不可投資房子、車子和手錶

擁有物質只能得到短暫的幸福

我認為金錢是「毒品」。

從短期就能得到滿足感的角度來看，金錢確實有著相當驚人的魔力。只要花錢，就能迅速獲得幸福。

然而，**人類的欲望沒有上限**，無論如何都無法滿足。

買了一個後又想買更多東西，很快就會厭倦，又把目光放在其他新的東西上。

住過一晚10萬日圓的飯店之後，下一次就會想住50萬、100萬日圓的飯店。

透過猴子式手法成功獲利的人，都會面臨這樣的風險。正因為如此，我才希望大家能夠多加小心。

Osaru's Keyword

金錢是毒品。人類的欲望永無止境。

貸款屬於「不符能力」的消費

假設有一對年收入4500萬日圓的夫妻，名下擁有價值1億日圓的公寓（房貸）和1500萬日圓的車子。

表面看來簡直是人生勝利組的完美絕配。

但實際情況又如何呢?首先，如果年收入為4500萬日圓，那麼扣掉稅金後的實際收入大約是2500萬日圓。

明明實際收入約2500萬日圓，卻持有理應買不起的1億日圓公寓和1500萬日圓的車子；換言之，這是所謂的「錯覺資產」，是**貸款的魔術**。

實際收入僅約2500萬日圓，卻買了1500萬日圓的車子，而且還**貸款買了一棟1億日圓的房子，這種情況下明顯超出自己的能力**。從淨資產的角度來看，貸款加上利息只會是負值。

這時，我前面提到的「因為住的是豪宅」、「因為開著名車」這些**「伴隨理論」**便會產生作用，開始花更多錢在時尚、手錶、飾品上，也就是打腫臉充胖子。這也是很可怕的事情。

「房貸」令人震驚的真相

這裡讓我們簡單試算一下房貸的情況吧。

假設以利率1%、貸款35年的方式購置一間5000萬日圓的房子。或許有人會覺得利率1%很低，但在這種情況下，光是利息就將近1000萬日圓，還款總額將近6000萬日圓。

聽到這裡，是不是會覺得**「這樣虧大了」**，有點想縮手了呢？

不過，如果換成下面的說法呢？

「月付14萬日圓，年繳168萬日圓即可擁有自己的家。」

「這樣很划算」、「自己應該負擔得起」，大家是不是會這麼想？

「每天僅需4600日圓喔。那間高級飯店住一晚要10萬日圓，這麼一

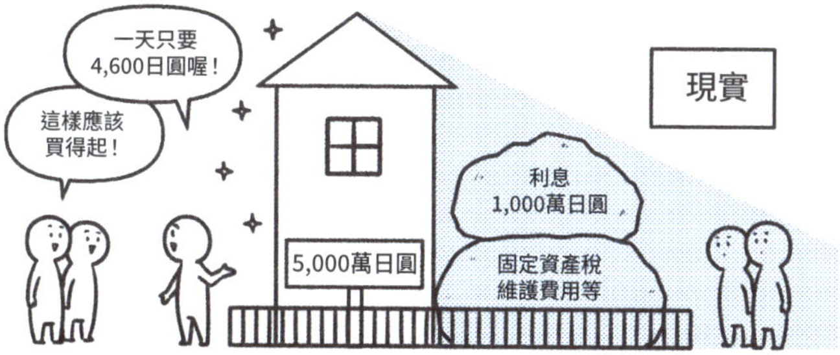

5,000萬日圓的房子，要支付的金額將近6,000萬日圓。

擁有自己的房子與租屋的優缺點

- 必須住一輩子
- 災害的風險
- 與鄰居發生糾紛

- 可以配合生活型態更換環境
- 無需支付固定資產稅和維護費用

想，買房子更划算吧。」

很多人會因為這樣的推銷話術而動心，但事實上卻忽略了「買5000萬日圓的房子要支付6000萬日圓」的事實。這是數字的魔術。

此外，還要記得這裡需要加上「維護」這項費用。

無論是透天厝或公寓，都必須定期進行維護。

有些人會說「現在房貸利率很低，可以將剩下來的錢拿去投資」。但即使如此，仍然**改變不了背負6000萬日圓負債的事實**。

就算把錢拿去投資，以利率1%來看，投資本身必須產生1%以上的報酬，並持續35年才行。我認為必須對這一點要有清楚的認知。

這樣看來，**如果想以最短時間累積淨資產，就只有租屋一途**。

房貸只不過是金融機構賺錢的工具。即使利率很低，利息也很可觀，導致淨資產難以有效累積。

「租屋還是買房」之爭的結論之一

「租屋也要每月付房租，跟繳房貸一樣吧」，有些人可能會這麼想。

不過，**租屋和貸款所承擔的風險截然不同**。

首先，一旦買了房子，就得一直居住在那裡，失去了「移動的自由」。在這個能夠遠距工作的時代，何必將自己束縛在一個地方呢？

再者，買房子也得考量到天災、鄰居糾紛等風險。我想大家應該都還記憶猶新，東日本大地震的時候，有很多人一瞬間就失去了家園。

當然，我並不是主張不能貸款買房子。

如果能買到真正喜歡的房子，而且打算至少住上30年，又或者兒時的夢想就是擁有自己的房子，我覺得這樣也無妨。

重要的是思考方式。我認為**無論是買房還是租屋，都要經過仔細的思考，在理解風險的情況下採取行動**。

汽車和手錶是最不值得投資的兩種物品

我認為**高級汽車和高級手錶是浪費金錢的典型代表**。

買這些東西的人常用的說辭是「現在買下來以後會增值」，但那只是花錢的藉口罷了。

實際上，絕大多數的汽車和手錶都不會增值。

當然，也不是沒有隨著時間愈久愈有價值的例子，但那通常是在未曾使用的情況下持有。

東西一旦使用必然會劣化，其價值也會逐漸下降。

這是我很尊敬的一位專業投資家在YouTube上分享的內容。

他曾經在移居地買了一輛法拉利，當時的價格約為4000萬日圓；然而去年賣掉那輛車時，卻損失了大約1800萬日圓的金額。

考慮到車子在這段期間的保養費、油錢等成本，實際虧損更大。

那位專業投資家在影片中明確表示**「汽車的價值不會上升」、「購買高級車也幾乎沒有回報」**。

買遍各種高級車的人都這麼說了，我想這番話可謂是真理。

當然，我的意思不是叫大家不要買車。有些地方的人沒有車子就無法生活，購買一輛價格合理的車子作為移動工具當然沒問題。

我住在東京都內，所以沒有車。搭計程車反而更划算，而且工作時間的**計程車費可以報帳**。就算一天花3000日圓，一個月也只要10萬日圓，一年120萬日圓，這些全部都可以報帳，真是太棒了。

當然，如果工作時間開自己的車，相關費用也可以報帳，但是車子的修理費、保險費、保養費等，卻無法全部報帳。相較之下，搭乘計程車就不需要負擔這些管理成本。

不要樂觀地解釋不確定的未來

未來充滿不確定性。

手中的物品未必都能如自己所願地增值。**總是以好結果為前提來做決定，冒的風險實在太高了。**

我並不是說不要買房子、手錶、汽車。如果買那些東西是長年的夢想，或者自己買了很有幫助，**「以自己為軸心」購買這些東西就沒有問題**。

不過，大多數人往往是出於虛榮或興趣等理由，「以他人為軸心」購買的吧？一旦「以他人為軸心」購買，便永遠無法感到「滿足」，會永無止境地追求下去。希望大家能好好思考這一點。

縱使是「以自己為軸心」購買，風險管理也相當重要。我認為重要的是要用「沒了也無所謂的錢」購買。

The Golden Ratio Of Money And Happiness

抱持「成本意識」

每月60萬日圓的房租帶來的效益

我花錢的時候，會思考**這筆成本會產生多少工作時間、對營收帶來多少貢獻，以及真正想滿足的需求是什麼**。

例如我現在住的是租金60萬日圓的摩天大樓，但它最大的價值不在於「因為夜景很美」。夜景很快就看膩了（笑）。

我選擇摩天大樓的理由是**因為能夠買到時間**。摩天大樓裡有健身房、工作空間、會議空間，可以大幅減少移動時間。

我幾乎每天都在開會或對談，這對於縮短時間有十分顯著的效果。

以前每週要花10個小時移動，**現在每月可以多出4小時以上的可支配時間**。加上超市、便利商店、牙醫、美容院、推拿店都在附近，去這些地方活動的時間也能縮短。

如果為了節省房租而住在遠處，就會花時間在移動和購物上，造成時間上的損失。

可能有些人會覺得60萬日圓的房租有點貴，但我覺得**住在這裡能夠創造出好幾倍甚至幾十倍的價值**。

並不是住在便宜的地方就好。我認為在選擇房子時，將時間的概念一併納入考量也很重要。

自己煮飯VS叫外送

與房租相同的思考方式，也可以套用在**自己煮飯或叫外送**的選擇上。

如果是自己煮飯的話，去超市買東西的時間、做菜的時間、洗碗的時間，總共差不多需要花上2個小時。

假設一餐的花費是1000日圓，叫外送的話就要加上500日圓的運費，一共要1500日圓，但可以省下整整2小時的時間。

只要多付500日圓就能買到2小時，怎麼想都很划算。

重點在於「成本意識」。

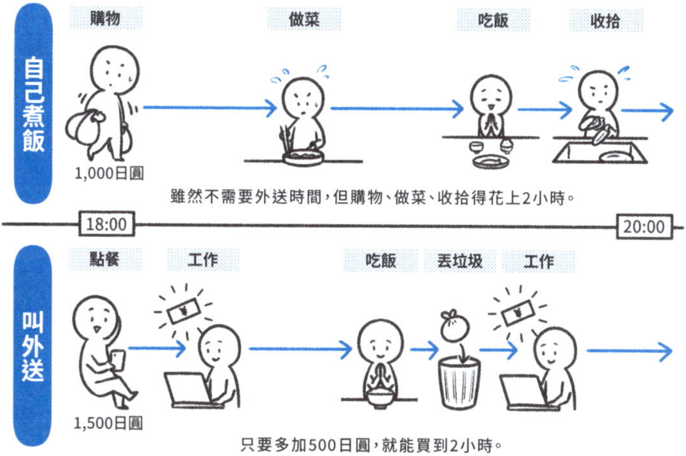

思考這2小時能夠創造出多少價值！

只要思考這2小時可以創造出多少價值，就會覺得500日圓根本不算什麼。

當然，我的意思不是每餐都叫外送。

考慮到健康，有時也需要自己煮飯，營養均衡十分重要。叫外送的時候也要考慮到營養均衡，記得要多點一些沙拉（笑）。

Osaru's Keyword

花錢也能創造時間的價值。

健身、三溫暖帶來的好處

我的興趣是健身和洗三溫暖，但這些不僅僅只是興趣，我還會思考能帶來什麼樣的價值。

首先，**這裡能夠創造的最大價值就是「健康」**。我現在有時一天會工作超過12小時，這也是因為身體健康才能辦到。要是身體不健康，就無法長時間工作，必須花時間去醫院看病。

就這層意義來說，**健康能夠創造時間**。我會為了工作在健康上進行投資。

另外，我經常與客戶一起去包廂式三溫暖。有些事只能在密閉空間裡討論，在包廂裡談話可以增進感情，**這也能創造出超越興趣的價值**。

無論是多麼小的選擇，都要時刻思考這個選擇會創造什麼價值，我認為這一點非常重要。

不過，雖然說了這麼多，但**我在便利商店裡看到「期間限定巧克力」剩下最後一個時，絕對會將它買下來**（笑）。

我對「限定性促銷」毫無抵抗力，總是會掉入陷阱。便利商店也有可能是故意留下最後一個，但我還是會忍不住買回家。

妻子也常笑我說**「你這樣不就完全上當了嗎」**。

不過，我認為人類的心理就是會如此輕易地受到操控。

真正想滿足的需求是什麼

舉例來說，搭飛機的目的就是**「抵達目的地」**對吧。無論搭經濟艙還是頭等艙，一樣都能抵達目的地。就算是經濟艙，也能達到「移動」這本質上的目的。

然而企業為了賺錢，會針對非本質的部分提供額外服務，藉此提高價格。

例如頭等艙的座椅可以完全躺平，或是提供豪華的餐點或酒類。

不過，**就算支付更多的錢，也不會更快抵達目的地；換言之，本質上的價值並沒有提升**。照理來說，價值應該是支付較多的金錢讓移動時間縮短才對。

像這樣**養成思考事物本質價值的習慣之後，就能找到真正符合「CP值」的花錢方式**。

有些高級飯店或旅館會提供一晚１００萬日圓的房間。房間非常寬敞，附設健身房和美容院等豪華的設施。

我也是住過之後才明白，**房間就算附有健身房，也完全用不到**（笑）。除非是長期居住，否則旅行時還是會想去觀光，根本用不到那麼多設施。這也是從本質上來思考而做出的判斷。

The Golden Ratio Of Money And Happiness

投資與稅金

三種投資及其順序

下面也來談談投資吧。**為了用少量資金在短時間內獲得高回報，投資是不可或缺的。**投資其實有3種類型。

1 自我投資
2 事業投資
3 金融投資

1的「自我投資」是指為了讓自己成長而花費的金錢。

2的「事業投資」是指為了讓事業成長而做的投資。

3的「金融投資」是指股票投資、債券投資等。也就是一般所謂的資產運用。

這裡同時也**表示其優先順序**。

首先，**1和2是最重要的。剩下的資金才用於金融投資**。

重要的是自我投資和事業投資

首先，**自我投資最為重要**。以我為例，我的自我投資是參加研討會、學習海外最尖端的行銷知識，還有英語學習等。

我的想法是，如果將50萬日圓投資在自己身上，3年後就能每個月賺50萬日圓，若再將賺到的錢拿來投資自己，就能每個月賺100萬日圓。

事業投資是擴大事業時使用的資金。以我為例，包括雇用員工、外包和自動化等。

在能夠每年獲利10億日圓的現在，我仍一直持續進行自我投資和事業投資。

再來是金融投資，我想應該有很多人都在進行股票、投資信託或外匯等各式各樣的投資。

我自己也進入金融投資的階段好幾年了，但**今後我不打算撥出時間學習投資。學習投資需要花費不少時間，這些時間也是勞動。**

考慮到這一點，我認為專心投入現有的事業，集中精神提升年收益，這樣不僅比較有利可圖，也相對更容易複製。**在投資方面，像我這樣把資金全數押在指數型基金上，或許才是最恰當的做法。**我目前也都將資金投入 eMAXIS Slim 全球股票（所有國家）上。

總之，**如果想增加淨資產，最好的方法就是不借錢（貸款），不買超出能力範圍的東西，把錢用於自我投資和事業投資**，我認為這是最有效的捷徑。

Osaru's Keyword

資金先用於自我投資和事業投資，剩下的才用於金融投資。

老實繳稅最划算

關於稅金的兩大重點

關於稅金，我認為**重點在於避免把可疑的項目拿來報帳，不要進行奇怪的節稅行為**。

常有人問我**「這個可以報帳嗎？」**，但提出這個問題的時候，不就**代表「其實不能報帳吧」的想法**嗎？

有些人會試圖將車子、房子、衣服、手錶等與事業無關的東西都拿來報帳，但這種高風險的節稅行為，**一旦在稅務調查時被發現漏申報等缺失，就會被處以追徵課稅、重加算稅、滯納稅等罰則**。

我身邊就有很多人因為這樣而導致事業陷入困境。**面臨稅務調查時，最可怕的地方在於以為有錢而提高生活費，在資金減少的狀態下，突然需要支付一大筆錢。**

稅務調查不會立刻來臨，而是在數年後。沒人知道屆時是否還能持續賺取和現在同樣的金額。**答案要到數年後才會揭曉。**

大多數的節稅都不合法

一位之前收到國稅局反饋的朋友告訴我**「大多數的節稅都不合法」**。

當然，應該也有人表示「沒這回事，也有合法的節稅方式」，但問題不在這裡。**最好抱持「大多數的節稅都不合法」的心態。**

稅務調查也是如此，我有個朋友以為是節稅而進行投資，結果卻是詐騙，被騙走了數千萬日圓。

網路上常見的節稅方式，不是效果微乎其微，就是非常接近灰色地帶。

考慮到這些，我覺得**多繳點稅反而最省**。

為了避免因為奇怪的節稅方式，導致稅務調查時被徵收一大筆稅金，倒不如誠實繳稅以避免風險，這樣絕對更「划算」。我認為**這才是最大的節稅**。

與其節稅，不如將精力放在賺錢上。

從中長期來看，思考如何賺到比節稅金額更多的利潤，絕對會留下更多的錢。

Osaru's Keyword

與其節稅，不如把精力放在賺錢上。

旁門左道的情報往往是「信任的人」提議的

開始賺錢後，危險的人就會接近

這是我自己的經驗，**當事業稍微開始有點起色時，就會有各式各樣的人過來找你，提出各種邀約。**

像是「我有個獨家的投資消息」，或是「一起做生意吧」之類的邀約，甚至出現一堆「雖然1股要1000萬日圓，但保證百分之百獲利」這類**明顯就是龐氏騙局（投資詐騙）**的邀約。

賺得愈多，遇到提出可疑邀約的機率就愈高。

這種情況在還沒有賺到錢的時候倒還好。

即使被騙，損失也不大，而且搞不好那個提議真的是個好機會。也不是沒有**「一攫千金」**的例子。

換言之，好處有可能大於壞處，所以我認為即使冒點風險仍值得一試（當然還是要慎重考慮後再行動）。

在賺到錢之前，不太有人會為了詐騙而接近你，因此「信任的槓桿」比較高；然而當賺到錢之後，試圖詐騙的人就會接近你，這時「不信任的槓桿」比較高。

一旦開始賺到錢，就會經常收到可疑的提議！

沒有人會幫助你成為有錢人，
無論對方是誰，都不要忘記「懷疑別人」。

不可思議的是，**一旦開始賺錢，就有種漸層愈來愈濃的感覺，登場的角色愈來愈強大。**

假如還沒賺到錢時是「等級1」的話，那麼聚集在身邊的人也都是「等級1」的人。

但是**當自己的等級達到「100」時，對方的等級也會變成「100」，甚至會出現之前從未遇過的超危險人物。這不是危言聳聽。**

這個時候，對方的提議等級也會很高，讓人忍不住上鉤；如果那是詐騙，說不定一夕之間便損失好幾千萬日圓。

就算投資提議10次有9次都順利賺到錢，但只要在最後一次踩到地雷，前面9次的收益就會付諸東流。

因此，和第一次見面的人或者不太熟的人見面時要特別注意。基本上當有人提議「我們見個面吧」的時候，就要思考一下這對對方有什麼好處。

Osaru's Keyword

當開始賺到錢後，就會有前所未見的強敵角色登場，巧妙地提出詐騙提議。

旁門左道的情報往往是信任的人提供

這件事最大的陷阱在於**「旁門左道的情報往往是信任的人提議的」**。

你心中認為「唯獨這個人絕對可以信任」、「那個人不可能害我」，正是那些讓你完全信賴的人會帶來旁門左道的情報。

遇到看起來可疑、不太熟，或是初次見面的人時，我們通常都會保持警戒，不會輕易答應對方的提議吧。

然而，真正可怕的反而不是這些人，而是我們自己深信不疑、完全放下防備的人。

那個人未必是想騙你，而是那個人自己也被騙了。比如有詐騙集團的人欺騙了他。

其實我自己也曾遇過這種事。有個與我私下關係不錯的學員，向我提出類似龐氏騙局的投資消息。

這個情況就是他並非有意欺騙我，而是他自己也被詐騙的模式。

在此之前，我已經有「信賴的人會提出旁門左道的情報」這樣的認知，當下便想到「哦，是這個啊」，但還是感到相當震驚。

一直在一起工作，合作好幾年的人，有時候就是會說出這樣的話。

沒有人會幫助你成為有錢人

如果陌生人突然接近你提出可疑的情報，馬上就能識破；但正因為是值得信賴的人，才令人感到害怕。

騙子不會突然提出這樣的建議，而是會**好好地建立信賴關係之後再向你提**

議。「信賴關係」就是這裡的重點。

無論對象是誰，心中最好都要保留「懷疑別人」的部分。

懷疑信任的人固然讓人不太舒服，但還是要將「也有可能發生這種事」記在腦海裡。

「這個世上沒有任何人會幫助你成為有錢人」，我認為抱持這個想法只是剛好而已。

Osaru's Keyword

沒有人會幫助你成為有錢人。

為什麼成功人士會被龐氏騙局所欺騙

有時我們會聽到成功的創業家或網紅投資失敗，或者陷入龐氏騙局的消息。

大家常會感到不可思議，覺得「那麼成功的人，為何會打爛一手好牌？」、「那個人看起來頭腦不錯，怎麼會受騙呢？」但從某種意義上來說，這其實也沒什麼好奇怪的。

成功的企業家很熟悉如何在自己投入的領域賺錢，卻對其他領域不甚了解。

這是理所當然的吧。**因為「獲得成功」而開始得意忘形，便毫不猶豫地在自己不了解的領域進行投資。**

結果就會導致重大失敗，或是受騙上當。

有時候會因為在那裡遇到麻煩，導致心力被分散過去，反而疏忽了本業。

企業家或網紅跨足其他領域而失敗，也是同樣的模式。最常見的包括餐廳、水煙酒吧、三溫暖等。開設實體店鋪卻以失敗收場的例子真的很多。以「播種」

等理由涉足多個領域，結果全部失敗，這種模式也很常見。一旦有一項成功，就會以為也能在其他領域取得成功。

當然，也有人跨足其他領域並取得成功，但這些人都是非常努力地學習和研究，步步為營地經營。

相反地，**大多數的人都是在毫無知識的領域中冒險。**

與其「在新事業播種」，不如把時間花在經營目前的事業，成本效益要高得多。如果因為新事業失敗，導致現有事業疏於打理，最終雙雙失敗，那就欲哭無淚了。

Osaru's Keyword

不要輕易涉足自己不了解的領域，把時間投入到現有事業上，絕對更具成本效益。

第5章 因為金錢而變得不幸和變得幸福的人

以他人為軸心的生活方式是永遠無法獲得幸福的

我們是何時失去了以自己為軸心的幸福呢？

請大家試著回想一下。

小時候光是在公園和朋友一起玩，就會覺得非常開心。

明天的遠足是不是曾讓你興奮得睡不著覺呢？

那些事都**不需要金錢，幸福就在自己的心中**。那正是以自己為軸心的幸福。

但是長大之後，我們知道了「金錢」這個工具；有了錢之後，發現金錢可以輕易地交換價值。

花錢住進高級飯店，或者在高級旅館接受盛大的款待。漸漸地開始向外部追求價值。

花錢就意味著接受大量來自外部的服務。

這麼一來，**「幸福」就會變得依存在外部**。

也就是說，自己無法控制的範圍增加。這是非常可怕的事情。

正因為如此，我認為我們必須**努力地讓幸福的軸心回歸到「以自己為軸心」**。

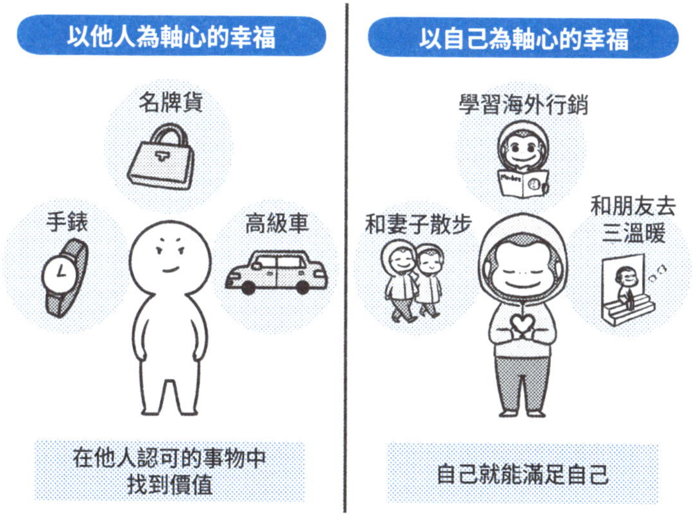
以自己為軸心的幸福
學習海外行銷
和妻子散步
和朋友去三溫暖
自己就能滿足自己
以他人為軸心的幸福
名牌貨
手錶
高級車
在他人認可的事物中找到價值

追求外部的幸福是無法滿足的

以自己為軸心的幸福，就是不在乎他人眼光，將價值放在「自己感到幸福的事物」上。因此，自己就能滿足自己。

相對地，以他人為軸心的幸福，因為是以他人的意見和想法為優先，而不是自己，所以只能從他人認可的事物中找到價值。

名牌貨、手錶、汽車、上酒店玩樂也是一樣。

這些往往是以他人為軸心，無論怎麼追求，永遠都無法滿足自己，而且無一例外地都得花錢，永無止境。

我也曾透過五星級飯店的旅行、高級餐廳的餐點等外部因素來滿足自己，結果1到3年後就覺得「已經夠了」。

結束那個階段後，我得到的結論是「能夠不花錢就感到幸福的自己才是幸福的」。這毫無疑問就是我的「以自己為軸心的幸福」。

當然，我並不是說不能享受五星級飯店的旅行或高級餐廳的餐點。如果那是

以自己為軸心，適度地享受的話，我認為完全沒問題。每個人都有自己的金錢使用方式，感受幸福的方式也因人而異。

不過在當今社會，**僅僅是過著普通的生活，也很容易變成以他人為軸心**。一旦變成以他人為軸心，生活就會像骨牌一樣逐漸崩塌。

停下腳步仔細想想什麼才是自己真正的幸福，不覺得這很重要嗎？

Osaru's Keyword

應該追求的是以自己為軸心的幸福。追求以他人為軸心的幸福，永遠都無法獲得滿足。

打勝仗時更要綁緊頭盔

我幾乎每週都會和朋友們在三溫暖進行**「打勝仗時更要綁緊頭盔的儀式」**。

雖說是儀式，但其實只是在說「彼此都不要得意忘形喔」之類的話（笑）。

不過，我認為**這是每天都需要提醒自己的事情**。

如果不像刷牙一樣養成習慣牢記在心，很容易就會亂了套。

打勝仗時更要綁緊頭盔的儀式

【避免因為賺大錢得意忘形而互相提醒的儀式】

現在的生活
是多麼地幸運。
工作→健身→
三溫暖→大戶屋的
流程有多麼棒。
「不花錢也能
享受的自己」是
多麼地幸福。
朋友
家人
工作
即將屈服於誘惑的時候
一起商量，互相阻止!!
像刷牙一樣養成習慣，牢記在心。

The Golden Ratio Of Money And Happiness

適度的幸福才是最棒的幸福

失去後才意識到的事物

就像感冒一樣，**當弄壞身體的時候，才會明白健康的重要性**。健康非常重要，應該更加珍惜自己的身體。

同樣地，我們身邊有許多**「失去後才意識到的事物」**。

- 失去空氣後才感謝能夠呼吸空氣。
- 手腳不能使用後才感謝它們的存在。

・父母不在身邊後才懂得感恩。

例子太多了，實在列舉不完。

・在發展中國家生活1週後，才發現日本是多麼幸福的國家。

也有這種情況。

這是我朋友的實際經歷。他出國旅行前往某個開發中國家，當然那個國家也有好的一面，不過衛生狀態、貧困、階級差距等問題，讓他深刻體會到生在日本是多麼幸福的事。

這麼一想，就會**發現我們已經擁有了許多幸福。失去後才意識到，代表失去之前應該是幸福的。**

當然，我想各位應該都懷抱向上進取的心，希望將來賺大錢，把幸福牢牢握在手中。

但是，在那之前請先將目光放在目前的生活和**已擁有的幸福**上。

如同前面所述，人類的欲望永無止境，因此我覺得適時地感到滿足，也就是**「知足」**非常重要。

Osaru's Keyword

與其失去後才意識到，不如在失去之前就察覺到幸福。

幸福的獲利了結

我將「知足」這件事形容為**「幸福的獲利了結」**。

如果不在某個適當的時間點進行「幸福的獲利了結」，我們就永遠無法真正

感到幸福。

為此，我採取了以下兩個行動：

①反覆確認並說出自己現在有多麼幸福。

②在提升生活水準之前，徹底審慎評估。

關於①，我認為化為言語非常重要，和家人或朋友討論或許是不錯的方法。我也經常與妻子和朋友討論什麼是幸福。

至於②，重要的是時刻警惕自己。當想要提升生活水準時，都要考慮這麼做會帶來什麼樣的結果，最終會如何，經過仔細思考後再做出結論。

找到適合自己的適度幸福

在3年半的時間成功獲利超過25億日圓，去高級飯店和高級餐廳用餐，享受過豪華旅行，最終我領悟到**「適度的幸福才是最棒的幸福」**。

我認為重點**並非「無止境地追逐不斷膨脹的慾望」，而是找到適合自己的適度幸福**。

或許有人會認為「這種小伙子憑什麼說得一副很懂的樣子」。確實，如果我已經40歲的話，說這些話或許會更有說服力，但正因為我持續做出比普通人多10倍以上的行動，獲利超過25億日圓，才明白這個道理。從這個角度來說，我認為自己擁有相當於40歲左右的經驗值。

花的錢愈多，幸福度就愈低

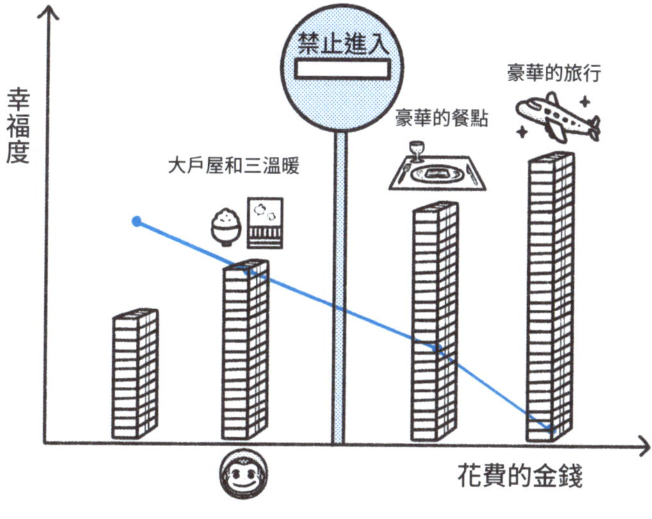

The Golden Ratio Of Money And Happiness

每個人的心中都擁有幸福

幸福就在日常生活當中

現在我的日常作息是大約9點起床、上健身房、工作、去三溫暖、吃飯、工作到凌晨3、4點……日復一日。

或許有人會想，這樣的生活哪裡有趣了，但我**每天都過得非常幸福**。

「花錢後不一定會帶來幸福」。那麼，幸福究竟在哪裡呢？其實**真正的幸福就在日常生活之中**。

做著自己喜歡且真正覺得有意義的工作，身邊有值得信賴的夥伴，有家人的

陪伴，每天都感覺棒極了。

更進一步地說，現在的生活全都是為了長期的樂趣、為了未來而做的努力，包括這些在內的一切都是幸福的。

比起追求名牌貨、手錶、汽車、異性交往這些沒有上限、看似幸福的事物，**從日常生活中發掘幸福要好上太多了**。

Osaru's Keyword

幸福就近在咫尺。

刻意降低期待值

那麼，怎樣才能在感受到「適度的幸福」時實現「幸福的獲利了結」呢？

我認為只能**用「刻意施加負荷」來概括**。後面也會提到，要**將價值擺在「過程」上**。

舉例來說，大家應該都有過下面這些經驗：

- **禁食3天後，不管吃什麼都特別美味。**
- **辛苦工作後的旅行就像作夢一樣開心。**
- **去健身房和三溫暖後喝的那杯水沁入心脾。**

爬山也是一樣，花2天時間，途中感到挫折，數度滑跤跌倒，好不容易抵達山頂，才能真正體會到充實感和成就感。

若是搭直升機5分鐘就到達山頂，那就不會有任何成就感了。正因為如此，**「刻意讓幸福的等級降到負數」**是必要的。

這就是為什麼努力工作已經逐漸變成我日常生活的一部分。為了真正感受到幸福，關鍵就在於「負荷」。我認為這是唯一的辦法。

到頭來，我認為感受幸福的方式是**「振幅」**。

月收入10萬的人，如果薪水增加10萬，應該會欣喜若狂吧；但月收入1000萬的人，即使薪水增加10萬，也只會覺得沒什麼。

我在進行個別諮詢的時候，一天大約有15個案件，馬不停蹄地透過Zoom與客戶進行諮詢。短短的30分鐘休息時間，對我來說就像天堂一樣幸福。

舉個更極端的例子。據說服刑3

最讓猴子感到幸福的日常生活

年後出獄的人，在外面吃到普通的飯菜，都覺得美味得像在作夢一樣。
就是這個振幅。

Osaru's Keyword

只要降低「期待值＝幸福等級」，每天都會過得無比幸福。

要懂得不花錢就能滿足自己的方法

為了不讓幸福溜走，我們**只能自己控制感受幸福的裝置**。
為此，我認為**擁有許多不花錢就能在日常生活中滿足自己的方法**十分重要。
不是依賴他人來滿足，而是以自己為軸心做選擇，自己思考如何滿足。
無論是享受散步、欣賞風景，什麼都可以。

我認為**幸福並非來自外部，而是從內部湧現**，端看自己是如何看待的。

散步也是一樣，若能一邊走路，一邊感受氣候的變化或空氣的氣味，就會感到非常愉快；但如果忙著思考其他事情，就不會察覺外在的變化，也難以感受到感激之情。

自己心中的幸福是什麼？**其實這些事物在賺大錢之後反而不容易找到**，我認為**趁現在開始尋找幸福**是很重要的。

Osaru's Keyword

我們只能自己控制心中的「感受幸福的裝置」。

The Golden Ratio Of Money And Happiness

從事喜歡的工作，受到大家的感謝

全年無休，工作365天也不會累的理由

現在的我幾乎整天都在工作。

除了上健身房、洗三溫暖和吃飯時間之外，感覺一直都在工作。

其實我已經不需要再賺錢了，卻比任何人都要努力工作（笑）。365天都是這樣的生活，全年無休。雖然我也會出門旅行，但連旅行中都在工作。

由於我總是瘋狂回覆學員在LINE或聊天室提出的問題，因此甚至傳出**「猴子先生有7個分身」、「猴子先生24小時都在工作」**之類的傳聞。

不過我當然有好好睡覺，也會放鬆休息。我既不會分身術，也不是超人，但工作和休息時間在我心中並沒有明確的界限。工作是預設任務，吃飯或上健身房則比較像是其他任務。

例如，喜歡玩遊戲的人，就算連續玩10小時的遊戲也完全不覺得累，不會累積壓力，跟這個道理是一樣的。因為覺得開心，所以**不管玩多久都不覺得累**，也沒有努力拚命的感覺。

我做著自己喜歡的事情，結果讓大家都受益並感到開心，真的沒有比這更棒的事情了。

猴子所追求的目標

經常有人問我「猴子先生的目標是什麼呢？」、「未來有什麼計畫？」之類的問題。

我的答案是**「沒什麼特別的目標」**（笑）。

我曾經是一名貧窮的老師，每天都身心俱疲，生活得十分痛苦，滿腦子都是「好想擺脫這種生活」的念頭。現在的我也會害怕如果回到那段日子該怎麼辦。

光是能夠擺脫那段地獄般的日子，我就已經心滿意足了。我並不是想要成為大富翁。

我只是想正常地工作，正常地與妻子和家人感情融洽地生活，正常地跟學員及朋友快樂地度過每一天，**擁有平穩踏實的生活**。

手邊留有一定程度的金錢，在日常生活中獲得安全感，能去三溫暖、吃大戶屋、偶爾去旅行，這樣的人生是最棒的。我也太愛大戶屋了吧（笑）。

淨資產超過10億日圓也不FIRE的理由

「猴子先生不打算ＦＩＲＥ嗎？」也經常有人問我這個問題。

我絕對不會ＦＩＲＥ。因為不工作，就會變得無所事事。

我認為人類是無法忍受無聊的生物。有錢人之所以會變得憂鬱或不幸，就是

因為不知道該如何打發時間。

最近才發現，我**原本以為自己是為了賺錢而工作，但其實不然，我真正享受的是賺錢的過程**。

人類是只有在「過程」中才能感受到充實感與成就感的生物，這正是對抗無聊的唯一手段。

這是從別人那裡聽來的故事。有A和B兩個人，A先生每天拚命釣魚，時而因「今天大豐收」而感到開心，時而因「今天一無所獲」而感到沮喪。B先生看到A先生的樣子覺得很辛苦，於是對他說「既然這樣，我就給你一輩子都

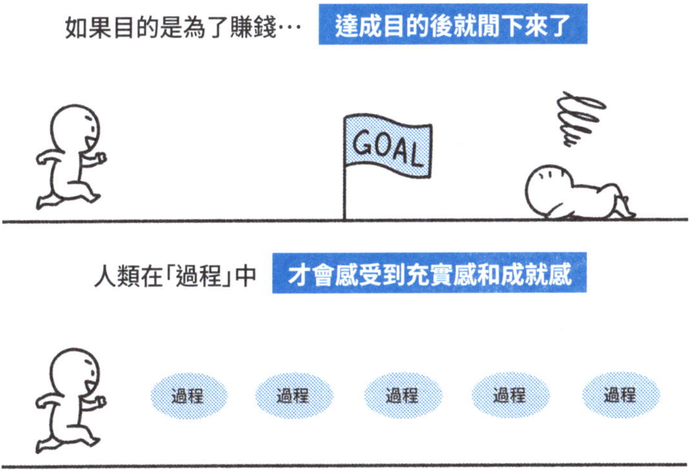
如果目的是為了賺錢…
達成目的後就閒下來了
GOAL
人類在「過程」中
才會感受到充實感和成就感
過程
過程
過程
過程
過程

吃不完的魚吧」。

A先生起初很高興，但過了1週後，他開始覺得「這樣不對」。A先生這時才發現，自己不是為了釣魚和吃魚，而是在為了釣魚而奮鬥的過程中感到幸福。

我認為這是非常發人深省的故事。

The Golden Ratio Of Money And Happiness

找到人生中真正重要的事物

從賺錢轉換目標，現在的自己應該完成的使命

即使明天不再賺錢，現在的我也能好好生活；在這樣的狀態下，我認為自己現在應該做的事情就是**回饋給其他人**。

我心目中最重要的人，當然是妻子、父母與家人。此外，還有學員、朋友及工作上往來的人們。

那麼，我該如何回饋這些人呢？

工作方面透過英語和行銷事業認真協助改變他人的人生是首要之務，同時我

也想做一些讓大家高興的事。

當然，我也希望閱讀這本書的你能感到開心。

前陣子為了獎勵達成目標的學員，我邀請限定的VIP貴賓團體參加在「安達仕東京」這間一流飯店舉辦的研討會和住宿活動。

當然，所有人都是免費受邀參加。1人1晚大約15萬日圓，總共花了大約1000萬日圓，不過看到大家都那麼開心，我覺得**這筆錢花得非常值得**。

1晚100萬日圓的孝親之旅

現在我已經可以抬頭挺胸地報答父母的養育之恩。

前陣子我帶著父母入住1晚要價超過100萬日圓的日光麗思卡爾頓飯店。房間超級寬敞，應該說大到根本用不到（笑）。因為住了兩晚，花了大約250萬日圓。

這麼做是有原因的。

我是4個兄弟姊妹中的老么，母親在快40歲的時候生下了我，沒幾年就要70歲了。

當然她的身子還很硬朗，但我不禁會想……以後還能帶她旅行幾次呢……

這個年頭大家都很長壽，尤其女性的平均壽命更是將近90歲。這麼一想，還不到70歲或許還算年輕，但**即使長壽也不見得能夠一直保持健康**。

另外還要**考慮所謂的「健康壽命」，能夠保持健康活力的時間比平均壽命還要短**，也有人才70歲就已經臥床不起了。

當然，我希望父母能夠身體健康，長命百歲，但考慮到現實，還是想趁他們健康有活力的時候帶他們出去走走。

若父母的健康壽命還剩10年，1年去4次的話，也只剩下40次。這麼一想，這說不定是最後一次去日光旅行了。

這就是為什麼我**想為他們訂最好的房間，就算花250萬日圓也完全不會後悔**。

每次提到旅行，父母總是客氣地婉拒，但我每個月都會安排帶他們出遊1次。

現在我每個月都會和稅理士開1次會，但不是在我家，而是回老家討論。用這個作為回老家的藉口或許有點奇怪，不過這樣可以定期探望父母，更重要的是我認為與他們一起度過的時光比什麼都重要。

不久前父親動手術的時候，我也有幫忙支付醫療費。

那時我才發現，**擁有金錢就相當於得到無論在什麼情況下都能像這樣保護最重要的人的力量**。

讓金錢開心的使用方式

回饋給學員或用來孝順父母都是如此，我認為**把錢花在讓人開心的事情上，才是真正有意義的使用方式**。

雖然我已經旅行得夠多了，但看到父母開心，我也覺得很高興。將第一次經驗送給不曾體驗過的人，自己也有快樂的感覺。

這樣的使用方式，總覺得**金錢好像也很開心**。

聖誕老人會送禮物給全世界的小孩。當然，收到禮物的孩子們都很開心。不過，有一種說法認為，**其實聖誕老人自己才是最幸福的人**。

不是讓自己開心，而是讓別人快樂的人生。

聖誕節前夕，孩子們都懷著興奮的心情上床睡覺，但我覺得想像著這件事的聖誕老人，其實才是那個最興奮的人。

所以，我也想以聖誕老人為榜

把錢花在讓別人開心的事情上，自己也會感到幸福！

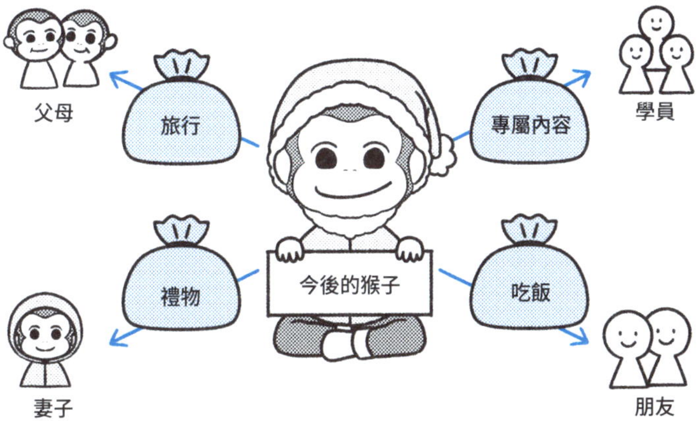

樣，從今以後為了別人花錢。

Osaru's Keyword

讓全世界的孩子們開心的聖誕老人，是這個世界上最幸福的人。

正因為賺到了錢，才真正理解人類的本質

不過，這種想法要在賺到某種程度的錢才能察覺。**金錢這種東西會擾亂我們的本能**。

再說一遍，人類不是以賺錢為目的，而是希望享受過程的生物。這就是**人類的本質**。

我想，自己之所以能意識到這一點，也是因為偶然賺到了某種程度的錢。努

力工作而成長的自己、透過健身讓身體愈來愈強壯的自己，都讓我感到快樂。

又或者，**支持他人的事業並看著他們成長的過程，也讓我感到非常高興和幸福**。甚至可以說，**只有這樣才能讓我感受到幸福**。

自從意識到這一點後，我的價值觀就徹底改變了。雖然已經不再有賺錢這個目的，我卻有種自己正在更本質、更接近真實自我的地方工作。

後記

非常感謝大家閱讀本書。

儘管成功賺大錢，卻因為心情低落而陷入憂鬱，過著痛苦的生活；或是失去生活目標，每天渾渾噩噩地度日……正如我在本文中提到的，我看過太多這樣的人後，才發現「賺到錢之後」才是困難的開始。

原以為只要成功獲利，就能迎來自由的世界，實際上卻是巨大的陷阱在等著自己，這就是「金錢的陷阱」。

為何會出現這種情況？那是因為對金錢的思考方式和哲學跟不上賺錢的速度。

我自己也曾多次遇到瓶頸，後來接觸到對金錢的思考方式和哲學，才得以成功避開陷阱。這是一件非常重要的事情。

後來我想到一件事，雖然我一直在教導別人如何賺錢，但是否也有責任教他們「賺到錢後該如何生活」、「如何守住金錢」。

從那之後，我開始結合自己的經驗，將金錢哲學與賺到錢後的人生一併分享。

本書就是這些內容的集大成。

我認為即將開始或已經開始賺錢的人，都務必要了解這些內容。當然，已經成功獲利，或者賺到錢卻覺得人生不快樂的人，希望本書能成為這些人的參考。

如果各位能採納本書中提倡的其中一項思考方式並加以實踐，我會感到非常高興。

今後我也會繼續支持想活用自己的技能獲利的人，以及想透過事業追求人生的樂趣和幸福的人。這也是我自己對幸福的追求。

在本書出版之際，我要向協助採訪的3位企業家致上最深的謝意。另外，我也要藉此機會感謝我視為人生夥伴的學員，以及一直支持我的妻子和家人。

如果閱讀本書的各位能夠從中找到一絲對未來的希望，對我來說就是一件值得欣慰的事。

English猴子

Profile

English猴子

經營英語線上學校，同時對各業界的頂尖網紅提供行銷指導。創業時為月收入18萬日圓的老師，第1年就達成月營收3.6億日圓。法人化第1年年營收5.2億日圓（稅前淨利4.7億日圓），第2年年營收11億日圓（稅前淨利10億日圓），創業3年半累計銷售額達到25億日圓。經營YouTube頻道「英語コーチ - イングリッシュおさる（英語教練－English猴子）」、「YouTubeマーケターおさる（YouTube行銷專家猴子）」。訂閱人數合計超過40萬人。英檢1級，TOEIC 970分。著有《元・手取り18万円の貧乏教員が起業1年で月商3.6億円を達成したSNSマーケティング術》（宝島社）。

參考文獻

『本当の自由を手に入れる お金の大学』（両@リベ大学長・著/朝日新聞出版）

YouTubeチャンネル「両学長 リベラルアーツ大学」

〈STAFF〉
構成／高橋扶美
編輯協力／松原大輔（シトラスワン）／瀬上友里恵
攝影師／高橋優也
書籍設計／菊池祐（ライラック）
本文插圖／タソ
編輯／尾小山友香（KADOKAWA）

在未來不確定的時代，「金錢」與「幸福」的黃金比例

出　　版／楓葉社文化事業有限公司
地　　址／新北市板橋區信義路163巷3號10樓
郵政劃撥／19907596　楓書坊文化出版社
網　　址／www.maplebook.com.tw
電　　話／02-2957-6096
傳　　真／02-2957-6435
作　　者／English猴子
翻　　譯／趙鴻龍
責任編輯／吳婕妤
港澳經銷／泛華發行代理有限公司
定　　價／400元
出版日期／2025年8月

國家圖書館出版品預行編目資料

在未來不確定的時代，「金錢」與「幸福」的黃金比例 / English猴子作 ; 趙鴻龍譯. -- 初版. -- 新北市 : 楓葉社文化事業有限公司, 2025.08　面；　公分

ISBN　978-986-370-831-5（平裝）

1. 個人理財　2. 財務管理　3. 投資

563　114008876